不動産附合の判例総合解説

不動産附合の
判例総合解説

平田 健治 著

判例総合解説シリーズ

信山社

はしがき

　本書は，筆者が阪大法学52巻5号（通巻221号）（平成15（2003）年1月発行）1-144頁において「判例附合法」の表題で公表したものを基礎に，その後の判例・文献の補充を中心に加筆訂正をほどこしたものである。

　著者の附合法に対する関心は，賃貸借の費用償還に伴う調整問題の中で生まれた。本書もそのような関心に彩られている。当然のことながら，多くの先行業績の影響を受けたが，特に瀬川氏の『不動産附合法の研究』からは多くの示唆を受け続けている。内容については，当初は言及する予定であった附合法の要件事実について，実現することができなかったのが残念である。将来の課題としたい。

　本シリーズへの採録並びに校正について，稲葉文子氏の配慮にあずかったことにここで謝意を表したい。

　　　　2009年10月

　　　　　　　　　　　　　　平田健治

目　次

はしがき

不動産の附合

序　章 ……………………………………………………………… *3*
　概　説 …………………………………………………………… *3*
　附合概念の定義 ………………………………………………… *3*
　事案類型 ………………………………………………………… *4*
　判例の展開概観 ………………………………………………… *5*
　基本的諸問題 …………………………………………………… *5*

第1章　無権原者による附着の効果に関する判例 ………… *7*

第2章　農作物の判例 ………………………………………… *13*

第3章　立木の判例 …………………………………………… *19*

第4章　設備・機械等の判例 ………………………………… *27*

第5章　建物増改築の判例 …………………………………… *35*

第6章　合棟・合体の判例 …………………………………… *57*

第7章　加工の判例 …………………………………………… *69*

目　次

第 8 章　環境法の判例 …………………………………… 85

第 9 章　埋立（土地と土砂の附合）の判例 …………… 89

終章　民法 242 条の解釈 ………………………………… 99
　　要　　　件 …………………………………………………… 99
　　但書の問題 ………………………………………………… 100
　　「権原」の内容 …………………………………………… 100
　　制度理解に基づく設計 …………………………………… 101
　　機　　　能 ………………………………………………… 102
　　帰責事由考慮の可否 ……………………………………… 102
　　一物一権主義との関連 …………………………………… 103

判 例 索 引 ………………………………………………… 107

　　　　　　　　　　判例集等略称

大　判	大審院民事部判決	新　聞	法律新聞
最　判	最高裁判所判決	高民集	高等裁判所民事判例集
高　判	高等裁判所判決	東高民報	東京高等裁判所判決時報（民事）
控　判	控訴院判決	下民集	下級裁判所民事裁判例集
地　判	地方裁判所判決	裁判集民	最高裁判所裁判集民事
支　判	支部判決	判　時	判例時報
民　録	大審院民事判決録	判　タ	判例タイムズ
民　集	大審院民事判例集	訟　月	訟務月報
	最高裁判所民事判例集	金　法	旬刊金融法務事情

不動産の附合

判例総合解説

序　章

概　説

　附合制度は大きく分けて不動産の附合（民法242条）と動産の附合（民法243条，244条）に分かれる。前者は不動産と動産の結合を予定し，後者は動産同士の結合を予定する。また，所有権の取得の節に規定されていることから，附合客体が異なる所有者に帰属していることを一応前提とする（この点，以下の建物合体の場合は同一所有者の場合でも第三者の抵当権が設定されている場合には異なる所有者に帰属する場合と類似した状況となる）。

附合概念の定義

　もっとも，この点は必ずしも論者により意識されていない。正確には，前記のように定義すべきであるが，外国法でも必ずしも厳密に区別するわけではないようである。さしあたり，異なる所有者に帰属している場合を狭義の附合，その点を問わない場合を広義の附合と呼び，通常は前者を指すこととする。

　しかし，民法施行後明らかとなったこととして，このほかにも，第一に，不動産と不動産の結合（建物同士のいわゆる合棟・合体の場合）の場合（後掲【50】最判平6・1・25民集48-1-18が原建物に設定されていた抵当権の帰趨につき実体法次元での解決をした），あるいは不動産（または動産）に加工することによって元の不動産（土地）から独立した不動産（建物）が成立する場合（後掲【56】最判昭54・1・25民集33-1-26は建前と呼ばれる未完

成の建物がさらに加工されて完成し不動産に転じた場合の所有権帰属の基準を提示した）があり，これらの場合に，いかなる規定を援用して判断すべきかが問題となる。また，後者の問題に関連して，加工は同じく添附制度の一つであり，動産加工者の加工行為による動産の価値増加を考慮する制度であるが，附合とは別個の制度であり，建物建築請負に典型的にみられるように，附合と加工が競合する場合にどう判断すべきかは民法典の規定自体からは明らかとならない。以上の点で，民法典の規定は不完全であり，欠缺補充がなされねばならない。

また，現行民法起草において必ずしも明確ではない経緯から，建物と土地を別個独立の不動産として扱うことにしたことから，現在では，建物と土地との関係は相互に独立した不動産として，附合の関係には立たないものと理解されている[1]が，梅[2]，富井ら起草者は，この点につき，附合を肯定していた。後掲【2】東高判昭61・12・24判時1224-19が無権原者による建物建築（後述第1章）につき，土地との附合を肯定し，話題を呼んだ。この考えによれば，無権原者の建物は建物ないし土地に附合することとなる。

以上のように，従来の狭い意味での附合制度のみを厳格に考察の対象とすることは問題の関連性を見失わせるおそれがあり，必要なかぎりで隣接問題領域に比較の対象として言及することとする。

事 案 類 型

紛争別に分類すれば，農作物（稲苗，果実など）（後述第2章），樹木（後述第3章），機械（後述第4章），建物増改築（後述第5章）がある。紛争の時代的分布としては，農作物はほぼ第二次大戦前のものであり，樹木は昭和30年代から40年代をピークとして判例上には現れなくなる。機械は事案としてそもそも数が少ない。建物増改築は木造建物に関するものから，マンション等コンクリート建物に対象が移行した。賃借人による増築建物の元の建物との関係が争われるが，ここで，機能的一体性を強調する基準は従物法理との関係を問題とさせる。またここでは区分所有との関係が重要である。民法起草者は立体的区分所有については未自覚であったが，基本的

---

1) 瀬川・研究10-12頁が起草過程以降の複雑な状況を説明する。本書では，さしあたり附合を否定する通説に従う。
2) 例えば，梅「土地ト建物トノ関係」法学志林8-8-1以下，10-30以下は，民法の立場が原則一体的処理であることを例（一体処理の例：賃貸人の先取特権，附合。別個処理の例：不動産登記法，抵当権，法定地上権，一括競売，不動産工事の先取特権）を挙げつつ説明する。

には，所有権と利用権が入れ子の構造になったものと解すべきであろう。建物増改築に関連して，派生的問題として，合棟・合体（後述第6章）の問題や前述した加工法理（後述第7章）に関する問題がある。最後に，今後増加が予想される問題として，環境法関連（後述第8章）で原状回復義務が課される場合，その実現可能性が，本来の附合法理からいえば，取引観念で判断されていたが，ここでは環境保護という基準が前面化しよう。最後に，水面の埋立の場合（土地と土砂の附合）（後述第9章）が挙げられる。

本書では，附合が現れる事件の種類を，以上のように，限定していないが，附合の持つ意味が一般の場合と異なることを指摘し，刑事，租税，公法関係の事件を検討の対象から慎重に除外する立場[3]もある。確かにその趣旨は理解できるが，他方では，これらの分野に属する判決群はそもそも多くはない附合判例に貴重な素材を提供している場合が少なくなく，本書では，指摘された限界（この問題は特に最後の埋立判例に妥当する）を考慮しつつ，検討対象に取り込むこととした。

判例の展開概観

判例の展開全体についていえることは，他の分野でも同様であるが，前述の各事案類型相互の影響，他の制度（抵当権の範囲を定める付加一体物，請負契約における所有権帰属など）・諸観念の影響が各時代においてそれぞれ異なった作用をしており，また各時代の法学レベルに依存しているため，特に初期の判例は，全体として概念的整理がなお稚拙であり，判例の価値としては，評価に迷うものが多いことである。（附合の関連領域も含め）それぞれの領域での基本的判断ルールがいつ頃成立したか，それら相互の関係はどうかを検討する必要がある。

基本的諸問題

附合法理は，問題としては242条但書に該当する場合が重要であり，この場合は一物一権主義に一見反するように見えるため，その

---

3) 瀬川・研究224頁。

正当化が種々試みられている。一筆の土地の一部，立木，未分離果実，区分建物はそのような意味での共通性と異質性を有する[4]。

また，部分物をめぐる取引紛争につき，不動産法理と動産法理をどう組み合わせて考えるべきか，一般の対抗問題が，部分物の取引対象としての独立化法理とどうかかわるのか，最終的な規定的基準である契約あるいは債権法理とどう関連づけるかなどの問題がある。

この問題は，最終的には，附合制度の趣旨を当事者関係の所有権の帰属問題（債権的合意が反映された物権法理）に限定するか，第三者との紛争解決（公示・公信制度による修正）をも取り込むかの争いに関連してくる。

最後に，制度趣旨理解と密接に関連するが，附合制度の強行性の程度・範囲をどのように把握するかの問題がある。この点は附合の成否と附合の帰属に分けられ，通説は成否を強行法，帰属を任意法と理解するが，両者を任意法と考える学説[5]もある。

---

[4] 槇悌次「区分建物における区分体の独立と独自の物的結合体の形成㈠」民商102-5-1以下は，二段階の画定を介する区分体独立の法理を展開する。
[5] 瀬川・研究329頁。但し，同330-331頁（識別ないし執行不可能な場合）。なお，現在のドイツ法学説も同様に，帰属の点でも任意法と考える見解が増えつつあることにつき，平田・権原者269頁。

第1章　無権原者による附着の効果に関する判例

【1】宮崎地判昭 59・4・16 判タ 530-206（所有権確認等請求控訴事件）

〔事実〕　X先代は本件係争地に杉の苗木を植え，管理成育させてきた。Xは，本件係争地が自己の所有に属することの確認と共に，係争地上の立木の所有権確認を求めて隣地所有者Yに対して本訴を提起。原審についてY控訴。

〔判旨〕　変更。
「四　以上のように本件係争地（B地）が控訴人Yの所有に属するとはいえないし，本件全証拠によるもその他の第三者の所有するものであるとも認めるに足りないから，これに植栽された被控訴人X所有の杉苗木が他人所有の土地に附合されその所有権を失なつたものとはいえない。けだし，このように地盤所有者が認定できない場合には，そもそも民法242条本文所定の不動産の「所有者」が確定できないというほかないうえ，このような場合にまで附合により苗木の立木の所有権を失うものとすれば，植栽者は民法248条の償金請求権の実効が確保できないし，立木の所有者も不明となつて，盗伐を防ぐことができない等の混乱が生ずるからである。

また，かりにこのように地盤所有者の認定できない土地に対する苗木の植栽によつてもなお附合による所有権移転を認めるべきであるとしても，その場合には被控訴人の本件係争地（B地）の占有，杉苗木の植栽，管理は被控訴人においてその占有の始めに過失がないとはいえないにしても，民法186条により被控訴人は善意の占有者と推定されるところ，前認定第二の二の各事実に照らしてもこれを覆えし被控訴人が悪意の占有者であるとは認めるに足りないし，他にこれを認めるに足る的確な証拠がない。

そして，善意の占有者は民法189条の趣旨に照らし，とくにこのような所有者，不詳地への附合については民法248条の附合による償金請求ができないことなどを考慮すれば民法242条但書を類推して同条但書所定の権原により附属させた場合に準じなお立木の所有権を保有すべきものであると考える。

したがつて，いずれの点からしても，被控訴人は本件係争地の杉立木につき附合によりその所有権を失うものでなく，同立木の所有権を有するものというべきである。」

【2】東高判昭 61・12・24 判時 1224-19（建物収去等請求控訴事件）[6]

〔事実〕　Xは本件建物（地下1階，地上15階）の区分所有権を有し，その敷地全体につき借地権を

第1章 無権原者による附着の効果に関する判例

他の区分所有者と共有している。Y₁は無権原で本件建物の1階南東側壁に接着して本件建物部分を増築し，Y₂はY₁から本件建物部分を賃借して占有している。Xは，本件建物敷地の借地権および本件建物の法定共有部分の持分権に基づき，Y₁に対して主位的に本件建物部分の収去，予備的に退去（この部分は二審で拡張された），Y₂に対して退去を請求した。第一審は，それぞれ収去と退去を認容。第二審は，以下のように，附合を肯定したため，Y₁に対して退去のみを認容。

[判旨] 原判決変更・一部認容・一部棄却。

「民法242条によれば，他人の不動産の上に，何等の権原もないのに，その不動産の従としてある動産を附合させた場合，右動産は右不動産の一部となり，かつ一方において動産の所有者はその所有権を失い，他方において不動産の所有者は不動産の一部となった元動産の所有権を取得する。例えば，土地の上に，広告塔やガスタンクなどの工作物が建設された場合，これらが土地に定着していると認められるならば，これらの工作物は土地の一部となって土地所有者の所有物となってしまい，権原を有しない建設者側の注文者，請負人，材料所有者，資金提供者等々は，所有権を有することにはならないのである。この理は建物の建築の場合にも全く異なるところはない。建物と工作物とは，原則として，その建設過程は全く同一であり，いずれも土地の上に動産である建設材料を逐次定着させて行き，材料は定着の都度土地の一部となり，やがて完成に至るのである。建築途中の未完成建物は完成前は未だ建物ではなく工作物に外ならないから，土地の一部として土地所有者の所有に属するといわねばならない。そして，やがて建築中の未完成の建物が完成すると，名称は工作物から建物に変わるが，権利関係には何等の変動も起こることはないのである。

ところで，建物と工作物は，右のように，建設過程は同一であるが，完成後は前者は土地とは別個の不動産として取引の客体となり得るが，後者は依然として土地の一部としてとどまっていてそのままでは取引の客体とはなり得ないという取引上の差を生ずる（もっとも，工作物の場合も，それが占有している土地部分につき占有権原を設定した上で取引の客体とすることは可能であるし，建物もそれが占有している土地部分の占有権原を設定することなしに取引の客体とすることは実際上殆んどありえないであろうから，結局実際の取引においては両者の差は殆んどないといえるであろう。）。このように，完成後の建物が取引上土地とは別個独立の不動産として取扱われるという点に着目し，これを理由として，建物は土地に附合しないとする幾つかの考えがあるので，次にこれらについて検討することとする。その一は，建物は建築の当初から土地に附合しないという考えである。この考えは，建物建築のための材料は，権原の無い場合でも，建築開始後も土地に附合せず動産のままであると主張する。しかし，この説は，何よりも土地への定着という客観的物理的現象を無視する点で極めて不自然であり，その上，実際問題として，建物建築のための材料か工作物建築のための材料かの区別は特に建築の初期の段階では外観上判定し難く，結局は建築者の主観的意思によってそのいずれであるかを決する外はないが，客観的現象である附合の成否を主観的意思によっ

---

6) 判例批評として，辻伸行・法時59-11-129，瀬川信久・判評344-48（判時1243），吉田克己・判タ649-69（民法判例レビュー），三好登・松山商大論集38-2-145，松本久・判タ677-36（昭和62年度主要判例解説）。

第1章　無権原者による附着の効果に関する判例

て決めるという誤りを犯すことになる。その二は，建築中の未完成建物は土地の一部となり，土地所有者の所有に属するが，完成して建物になると，その所有権は建築者に移転するという考えである。この考えは，既に述べたように，建物は始めから建物として存在する訳では決してなく，動産である材料の段階から工作物である未完成建物の段階を経て最後に完成された建物の段階になるという建築過程の存在することを無視する考えであって，明文の規定のない限り，建物になったということが土地所有者から建築者への移転原因になる筈はないのである。また，完成した建物を土地とは別個独立の不動産として取扱うということは，取引の便宜のためにそういう制度を採用するというだけのことに過ぎず，このこともまた到底建物所有権の移転原因とはなり得ない事柄である。つまり，土地所有者は，建築中の段階においては，未完成建物付土地という1個の不動産を所有していたのであるが，建物が完成した段階になると，土地と建物の2個の不動産の所有者になるというだけのことである。これは，例えば，一筆の土地を二筆に分筆した場合，そのことにより1個の不動産の所有者から2個の不動産の所有者になるという現象と何等変りはないのである。その三は，建築中の未完成建物は，一旦は土地に附合して土地所有者の所有となるが，建築者は，潜在的に，これに対するいわば眠れる所有権を保有しており，建物が完成すると，潜在的所有権が顕在化していわば目覚めた所有権を有することになるという所有権復帰説とでもいうべき考えがある。この考えは，比喩としては面白いが，何故に建築者に所有権が潜在的に残るのか，潜在的所有権はこれに対する侵害の排除等の所有権としての権能は有しないのか，有しないとすればそういう権利かどうか分らぬものが建物の完成と同時になぜ目覚めて独立の所有権に復帰するのか，なぜ土地所有者はそれまで有していた権利を失うのか，未完成のまゝであるときは所有権は永久に眠ったまゝなのか，等々疑問が多く，法律論としては正確さを欠くというべきである。

ところで，無権原者であってもその建築した建物の所有権を保有するという説をとると，土地所有者は無権原者に対して建物の収去請求をすることができる訳であるが，実際上殆んどの場合強制執行をすることになり結局代執行費用を請求し得るに過ぎないことになるが，判示の説をとると，土地所有者は，建物を不要と思えば，自ら収去して無権原者に対して収去費用（代執行費用と同額であろう）を請求するか，又は建物を必要と思えば，無権原者に対して償金を支払えば足りるという選択の余地を有することになり，土地所有者にとっても無権原者にとっても又社会経済的にも望ましい結果が得られるであろう。なお，本件のように，無権原者が既存建物の増築という形で建物を建築する場合には，新築の建物部分は土地と建物のいずれに附合するのかという問題を生じ得るが，いずれにしても無権原者の所有となることはない。（本件においては，後に判示するように，……を綜合して判断すると本件建物に附合することはないと認める。）。又，控訴人Y₁は，本件建物部分は本件専有部分共有者全員の共有である旨主張しているが，右は否認の事情に過ぎないから，同控訴人の所有に属することを認めることができない以上，特にこの点について積極的に判断する必要はない。

以上に判示したように，附合により，本件建物部分の所有権はその敷地の所有権者に帰属し，控訴人Y₁の所有に属しないといわなければならない。」

【2】は，高裁判決であるにもかかわらず，

不動産附合の判例総合解説　*9*

第1章　無権原者による附着の効果に関する判例

無権原者によって建築された建物を土地所有者に帰属するものと判示し、学説の関心を集めた。その理由は、従来、建物は土地に附着しているが、稲や立木（【1】）などの定着物と異なり、別個の不動産として処理されており、その処理は、築造が権原者によるか、無権原者によるかで、異ならないものとされており、そのような理解に全く対立する見解を詳細に展開したからにほかならない[7]。後述するように、このような考え方は実務上は支持されておらず、判例法上は孤立した判決といわざるをえないが、そこで提起された諸問題は根本的な検討に値するものである。以下でこの判決の論理構造を検討する。

本判決の事案の事実関係はかなり複雑であり、その点については、前掲瀬川判批冒頭の事実紹介が詳しい。単純化すると、区分所有者全員の明確な同意を得ずに地権者の一部により設立された建物管理会社によってなされた区分所有建物の増築について、その除去請求が区分所有者の一部から訴求されたものである。従って、区分所有建物増築についての区分所有者による決議要件という問題に還元される。

まず、無権原者による工作物附着の場合を検討し、この場合には附合することを前提に、建物の場合も完成前は工作物であることを述べ、建物完成後もこの権利関係には変化がないことを強調する。「権利関係には何等の変動も起こることはないのである」という表現は一見事実の言明のように見えるが、判決理由全体の趣旨から判断すれば、「権利関係に変動を生じさせるべきではない」という規範的言明と言うべきであろう。その上で、判決は建物と土地の関係理解につき三つの見解を検討する。第一に、建築当初から土地に附合しないという考え、第二に、未完成建物は土地の一部であるが、完成によって所有権が建築者に移転するという考え、第三に、完成すると、以前から有していた潜在的所有権が顕在化してその所有権を有することになるという所有権復帰説である。これらの見解では、土地所有者は無権原者に対し収去請求ができるのみであるが、判示の説では、土地所有者は建物を不要と思えば、自ら収去して収去費用を請求するか、必要と思えば償金を払えば足りるという選択の余地があることになり、当事者にも社会経済的にも望ましい結果であるというものである。

おそらく、従来の見解であり現在もこの立場が通説判例であると思われるのは、第二の見解である。これに対する批判として、建物完成が所有権移転原因とならないという点があるが、これは決定的難点ではないと思われる。むしろ、判示の説が強調するように、従来の建物独立説では法律効果として、建物独立の帰結として、収去請求しか出てこないが、判示の説では建物保持プラス償金支払という

7）　このような考え方が実務上なかったわけではない。課税処分取消請求事件ではあるが、同旨のものとして、大阪地判昭44・4・12訟月15-7-871（後掲・加工判例【54】）。

土地所有者側からみた選択肢が広がるという点に力点があろう。

ところで，従来，無権原者による附加が問題とされてきたのは，小作人による農作物の植栽であった。この場合には，植栽者を如何に保護するかが焦点であったが，本判決のように建物が附加され，所有権が移転するという場合には，先の場合と同様に，損失者（建物建築者）を如何に保護するかという問題（附加物の所有権保持あるいは償還の肯定）と同時に，今度は利得者（土地所有者）を如何に保護するか（除去請求の肯定，あるいは償還額の制限）も問題となってくる。もっとも，この問題は，日本法では建物は独立の不動産とされているから，そもそも附合の問題ではないとしてかような前提を否定する考えもある[8]。しかし，権原者による場合には現行不動産登記法に従う限り，そうだとしても，無権原者の場合にも無条件にそう断定することはできないのではないか。むしろこの問題は，建物と土地の関係の規律が沿革的・政策的に独立させて処理されてきているにすぎないという観点を強調し，この前提を一応肯定する立場に立つならば，無権原者による附加物を如何に処理するかという一般的問題につながっていくことになる。

この判決に対する評釈は多数あるが，大別すれば，批判的なもの[9]と肯定的なものが見いだせる。前者において，土地所有者が附合に基づき建物所有者になるとすれば，非所有者となった建物の建築者に対して，なぜ収去請求できるのかという批判である（判決自身は，自ら収去して無権原者に対して収去費用を請求すると表現しているため，非所有者に対する除去請求という批判は免れているが，収去費用を建物非所有者になぜ請求できるかという根拠づけの問題が形を変えて残ることになる）。すなわち，妨害排除請求の相手方は必ず建物所有者でなければならず，附合が成立し所有権を喪失した以上，除去請求を受けることはないと考えるものである。そして，このような考慮に基づいて，やはり従来通り無権原者によって築造された建物も建築者の所有にとどまり，妨害排除請求の対象となると考えるのである。

その後，この判例を引用しつつ，従来の見解に従うことを明言したものとして，名古屋地判昭 62・5・28（判時 1253-92）がある。そこでは，上記の2点に対して，附合の成否は物自体の性状及びその物の形成の過程を総合して考慮すべきものであり，その物の形成過程の一時期だけを捉え，現在の物の性状や他の状況を無視すべきでないこと，土地の明け渡しとは別に建物の収去費用や償金の問題の処

---

[8] 例えば，新田敏「附合」29頁（民法講座3物権(2)所収）。同様の傾きを有する見解として，前掲三好判批 159頁（「土地と建物の関係を附合理論の枠内で考えるかそれともその埒外におくのかという区別がまず必要ではなかろうか」）。
[9] 前掲辻判批，三好判批。

第 1 章　無権原者による附着の効果に関する判例

理を余儀なくさせられることが必ずしも望ましいとは考えられないことを挙げる。前者の点については，最判昭 54・1・25 民集 33-1-26 が提示したルール，すなわち建物所有権帰属決定について，不動産化の時点ではなく，現在の時点を基準に加工のルールを適用すべきだとした発想に通ずるものがある。

他方，この批判説が前提としているような，附合成立（土地所有者による建物所有権取得），収去請求不可，償還請求権成立という考え方[10]を「三位一体説」と名づけ，附合の成否と，妨害排除請求の問題を別個の次元に属する問題として，考える者[11]がある。この場合には，前掲の批判説が考えるような不都合は生じないことになる。すなわち，非所有者に対しても，別の根拠から妨害排除請求ないし収去義務負担を根拠づけることが可能となる。また，附合の成否と妨害排除が連動しないから，この問題の文脈では附合肯定説と結合しやすいが，附合の問題自体がこの立場では相対化されることにもなる[12]。

後者の立場が妥当と考えられるが，前者の立場から出発するとしても，償還額提供のもとでの土地所有者の買取請求はなお観念可能であり，建築者側のそれを拒否した上での収去主張を一般条項を介して阻止することはできるのではないか。その限りでは，後者の処理の柔軟性を肯定しつつも，両者の相違はかなり相対化されると考える。

10)　【1】が，無権原植栽者に立木所有権を認める理由として，論じる点に一般的な理解がうかがえる。なお，東京地判平 10・3・29 判例地方自治 223-77 は，原告が旧国鉄から購入した土地に配水管が埋設されていたため，建物建築等の設計変更を余儀なくされたとして，配水管の所有者や管理者と考えられる者を被告として損害賠償請求した事案であるが，「㈢よって，本件売買契約締結後かつ本件所管換が行われる前においては，本件排水管の所有権が被告国にあったものの，本件水路敷の所有権も被告国にあり，本件排水管の存在が原告の所有権を侵害したということはできないし，本件所管換が行われた後においては，本件排水管の所有権が原告に移転したのであるから，被告国が所有する本件排水管が原告の所有する本件水路敷の利用を妨げたということはできない筋合いである。」として請求を棄却している。行政法上の特殊性があるものと推測されるが，購入した土地に不具合があるから損害賠償請求しているのであるから，原告の主張のまずさもあるとはいえ，理由になっていないと思われる。
11)　前掲瀬川判批，吉田判批。
12)　前掲吉田判批 73 頁注 6 は，附合が考えられる場合に，それを特に問題とすることなく附着物の撤去請求の可否を論じている判決の存在を指摘し，附合＝収去義務なしという命題がそれほど実務で定着しているわけではないという評価も可能とする。

第 2 章　農作物の判例

　農作物の附合に関する判決は明治年代から存在するが，後掲【9】を最後に現れていない。おそらく，農地法等による農業政策の変化，とりわけ自作農促進によるものと考えられる。

【3】　奈良地判大 2・3・22 新聞 882-10（所有権侵害排除並損害賠償請求事件本訴，費用償還請求事件反訴）

[事実]　Xは競落によりY所有の土地所有権を取得して，訴外Aの小作に出していた。ところが，YはAの耕作を妨害し，自ら麦作を始めたので，Xは本訴を提起して，本件土地所有権の侵害排除，麦作の所有権確認，損害賠償を求めた。これに対し，Yは反訴として，費用償還を請求した。

[判旨]　本訴反訴ともに一部認容・一部棄却。
　Yの麦作は無権原であるから，当然Xの所有となる。Xの損害賠償は，すでにAより当該年度の小作米を受領しているから，Aに使用収益権侵害につき損害があるとしても，Xには損害はない。Yは費用償還を請求しうるが，占有開始が不法であるから留置権は有しない。

【4】　大判大 10・4・4 民録 27-616（損害賠償請求事件）[13]

[事実]　Y（被告・被控訴人・上告人）は訴外Aから田地を買い受けたがなお引き続きAに賃貸しておいた。しかしAが賃料支払いを怠ったため，Yは大正5年の春に催告の上解除した。当時AはX（原告・控訴人・被上告人）に田地を転貸していたが，Xは解除されたことを知らず，その年度の植え付けをして耕作をしていたが，その秋Yは自己が植え付けしたものと称して稲を刈り取ったので，Xから不法行為による損害賠償の訴えを提起した。原審は，Xは善意占有者として果実取得権ありとして，この権利をYが侵害したのは不法行為となるとした。Yは，Xの転貸借を承諾していないから，Xこそ権原なき不法占有者でありYの権利を侵害していることなどを述べて上告。

[判旨]　一部破棄差戻，一部棄却。
　「然れども原判決の旨趣は縦令Yが訴外Aに対し契約解除の意思表示を為したる結果同人との賃貸借契約消滅したりとするもXは之を知らず又之が通知を受けたることなきを以て善意の占有者として本訴の土地を耕作したるものなれば其果実たる

---
[13]　末弘厳太郎・判民大正10年度48事件。

稲を収得するの権利ありと認定したるものと解し得べく、YがXに対し転貸借の対抗力なきことを主張して土地の返還を受けたりとの事実は原判決の否定したる所なれば、賃貸借契約解除の有無並に之が告知の有無に付ては判断の必要なきに至りたるものと謂う可し。……然るにYは不法に之を刈取以てXの権利を侵害したりと陳述したること明にして、其旨趣はXは果実たる稲に対する所有権（土地と分離したるとき取得すべき）を侵害せられたりと云うに在りと解するに難からざるを以て……。……不法行為に因りて害せられたる物の価格が不法行為の時より後に騰貴したる場合に於て其騰貴したる価格に依りて賠償を請求し得べきは前に説明したる如くなるも其騰貴価格に依る賠償額に対する法定利息は騰貴したる時より始めて請求し得べきものにして不法行為の当時に遡りて請求することを得ざるものとす。」

【5】 大判大10・6・1民録27-1032（損害賠償請求事件）[14]

事実 X（原告・被控訴人・上告人）は、Yの土地に無権原で桑を植え付け、小麦を播種した。YはXに対して土地明渡および所有権確認の訴えを提起し、仮処分を申請し、その執行として土地の引渡を受けた。YはXに対して後日地上物を収去することに同意して引渡を受けたにもかかわらず、Yが勝手に収去したので、XはYに対して不法行為による損害賠償請求の訴えを提起。原審は権原なき付属物はその事実発生と同時に不動産所有者がその所有権を取得するとして請求を認めなかった。Xは、Yが耕作物収去の約定をしたことはすなわちXに所有権を認めることを自白したことで

あるとして上告。

判旨 棄却。

「Yの自白を取消したること明にして原審がYの自白に基き係争物件をXの所有と認めざるは相当なるのみならず、Yに於て之を収去するも、Xが何等の権原なく土地に附属せしめたる物を収去したるに外ならざるを以てXは不当利得に基き其損害を請求するは格別Xの所有権侵害を原因とし本訴請求を為すの失当なること論を俟たず……Xは本件土地に何等の権原なく之を附属せしめたるものと認め、係争の小麦がYの所有に帰属したることを判示したるは相当にして……」

【6】 大判昭6・10・30民集10-982（執行異議事件）[15]

事実 訴外AはY（被告・控訴人・上告人）に債権担保の目的で所有田地を売渡抵当として信託的に譲渡し、これを賃借して耕作していた。その後、XはAから賃借して耕作していた。YはAに対する債権の強制執行保全のためXが植栽した稲毛に仮差押をしたので、Xは所有権を主張して第三者執行異議の訴えを提起した。原審は、転貸借はYの承諾の有無にかかわらず有効であるとして、権原による耕作として稲毛は当然Xに帰属しており、仮差押は失当とした。Yは、賃貸人と賃借人の関係と賃借人と転借人の関係を混同しているとして上告。

判旨 破棄差戻。

「賃借人が賃貸人の承諾なくして賃借物を第三者に転貸したる場合に於いては其の第三者は賃貸人に対し転借に基く使用収益の権能を主張し得ざる

---

14) 東季彦＝我妻栄・判民大正10年度88事件。
15) 川島武宜・判民昭和6年度103事件、末川博・論叢28-4-179、好美清光・民法の判例（第2版）72頁。

ものと解すべく，而して不動産の所有者は其の不動産の従として之に附合したる物が権原に因りて他人の附属せしめたるものに非ざる限其の所有権を取得すべきことは民法第242條の明定するところなれば，田地の賃借人が其の所有者たる賃貸人の承諾なくして之を他人に転貸し其の転借人に於て之に稲苗を植え付けたる場合に於ては，該稲苗は転借人が権原に因り田地に附属せしめたるものと称し難きが故に，其の所有権は田地の所有者たる賃貸人に帰属するものと謂うべく，従て其の果実たる稲毛は転貸借の効果としては転借人に於て之を取得すべき権利なきものと解せざるべからず。」

【7】 大判昭12・3・10民集16-313（損害賠償請求事件）[16]

[事実] X（原告・控訴人・上告人）はAより土地を賃借して耕作していたが，真の所有者であると称するYが苗床を掘り返したため，植え付けの時期を失ったとして，不法行為に基づく得べかりし利益の賠償をYに対して請求した。原審は，YからAへの売渡は実印を冒用した偽造証書によるものであるというYの主張を認め，Xの賃借権はYに対して対抗できず，稲苗は無権原の植栽であり，Yの所有となり，Yの行為は自己の物の掘り返しとして不法行為とならないと判示した。Xは，たとえ所有者でも他人の占有を暴力を以て冒すことはできず，法律に基づく回復手段をとるべきであり，理由なく占有権を侵し耕作中の苗床を毀損した場合にはその損害を賠償すべきであると主張して上告。

[判旨] 棄却。

「然れども本訴は本権の訴にして占有の訴に非ず……Xは縦令Aより之を賃借して耕作し居りたるものなればとて，現に右土地を占有使用耕作すべき何等の権利を取得したるものに非ざれば縦令Yが公力に頼ることなく自ら実力を行使して其の土地に対するXの占有使用耕作を妨げたればとて，Xは之に因り何等正当の利益を害せられたるものとしてYに対して損害の賠償を請求し得べきものに非ざること論を俟たず。」

【8】 大判昭17・2・24民集21-151（強制執行異議事件）[17]

[事実] 土地譲受人X（原告・控訴人・被上告人）は土地上で稲を耕作していたが，譲渡人訴外Aの債権者Yは土地から産出された立稲および束稲を強制執行のため差押えた。Xは差押られた物が自己の所有であると主張して，第三者異議の訴を提起した。原審は，Xの主張を認めたため，Yは，強制執行はXの土地登記具備前であるから，対抗力を有しない間にその土地から生じた果実もAの所有であるとして上告。

[判旨] 棄却。

「立稲並束稲はXが其の所有権に基き本件土地を耕作して得たるものにして恰も田地の所有者より適法に之を賃借したる者が賃貸借の登記なきも其の田地を耕作して得たる立稲並束稲の所有権を以て第三者に対抗し得ると同様Xが本件土地の所有

---

16) 末弘厳太郎・判民昭和12年度23事件，岩田新・民商6-3-81，犬丸厳・新報47-9-1471，石本雅男・法と経済8-3-130，永田菊四郎・日本法学3-8-79。なお，石田穣・民法総則74頁注4参照。
17) 川島武宜・判民昭和17年度11事件，田島順・論叢47-3-410，末川博・民商16-2-80，長野潔・日本法学8-8-52。

第 2 章　農作物の判例

権移転登記を受けざるも本件の立稲並束稲の所有権を以て訴外Aに対する債務名義に基き該物件の差押を為したるYに対抗し得るものなること言を竢たざる所……」

　紛争当事者の数で分類するならば，二当事者にとどまるものは，無権原者が植え付けた桑と小麦を所有者が合意に反し勝手に収去したので損害賠償を請求した【5】と，契約解消の過程で無権原で植栽された甜瓜が鋤き返されたことによる損害賠償請求をした後掲【9】のみで，それ以外は三当事者にかかわる紛争である。後者をさらに分類すると，【3】は，土地を競落した新所有者が小作に出したところ，原所有者が自ら麦作し，小作人の耕作を妨害したので，妨害排除等を請求したケース，【4】は，土地が転貸借されていたが，賃貸借が賃料不払いで解除され，所有者が転借人の植え付けた稲を刈り取ったので，転借人から所有者に対して損害賠償が請求されたケース，【6】は土地所有者が債権担保のため土地を売渡抵当に供した上で，賃借し，転貸していたが，債権者が債権執行保全のため，稲毛に仮差押をしたので，転借人が執行異議を申し立てたケース，【7】は，僭称所有者から賃借していた小作人が植えた稲苗が所有者により掘り返されたので損害賠償を請求した

ケース，【8】は，土地を譲り受け耕作していた者の立稲及び束稲に対して，譲渡人の債権者が差押をしたので強制執行異議を申し立てたケースである。結論は，土地譲受人は，移転登記がなくとも，耕作して得た立稲等の所有権を譲渡人の債権者に対抗しうるとしたもので，同様の事例として，適法賃借人が賃借権の登記なくとも耕作して得た立稲の所有権を第三者に対抗しうる場合を挙げている。この時期には既に判例法として，公示方法としての明認方法が要求されていたから[18]，この判決は，未分離果実・桑葉・立稲と立木を公示方法に関して異なって扱うことを示唆したものと理解しうる（後掲・立木判例【16】参照）。

【9】　最判昭 31・6・19 民集 10-6-678（所有権移転登記手続等請求事件）[19]

事実　X（原告・控訴人・上告人）はY₁から交換契約に基づき，本件土地の引渡を受け，使用収益してきた。交換契約がその後合意解除され，その当時Xが小麦を植え付けていたので，その収穫後返還することが合意された。収穫後，Y₁から依頼されたY₂が本件土地を鋤きに出かけたところ，Xが小麦収穫後播いた甜瓜[20]が生育しており，Xが鋤き返しに異議を述べ土地返還を拒んだにもかかわらず，そのまま鋤き返し，Y₁Y₂で甘藷を植

---

18)　大判大 5・9・20 民録 22-1440（果実を樹木にあるままで譲り受けた場合の対抗要件として，地盤または樹木の引渡とその状態の明認方法を要求）。
19)　大場茂行・判解民 41 事件，山田晟・判民昭 31 年度 42 事件，林良平・民商 35-1-74，明石三郎・法学論集 7-1-68，新田敏・民法判例百選Ⅰ（第 1 版）76 事件，同・民法の判例（第 3 版）17 事件。
20)　てんか。真桑瓜の意。

え付け使用収益している。Ｘは，本件土地について売買契約に基づく移転登記と引渡ならびにＹらの耕作で甜瓜等の得べかりし利益が失われたとし，所有権侵害として不法行為による損害賠償を求めた。原審は，損害賠償につき，第一審と異なり，収穫後は収去義務がＸにあったのであり，当時の状態での甜瓜の苗を他に移植しても生育の見込みはなく，それを削り取っても，Ｘに損害は生じないとした。Ｘは，損害は生じていること，自力救済の点に触れていないことを理由に上告。

[判旨] 棄却。
「交換契約解除後はＸは当時そこに植え付けていた小麦を収穫するための外は，Ｙ₁所有の本件土地を使用収益する権原を有しなかつたものというほかない。ところで，Ｘが本件土地に同年５月中播種しよつて同年６月下旬頃には二葉，三葉程度に生育していた甜瓜がＸの所有であるがためには播種がＸの権原に基くものでなければならない。しかるに，右のように，Ｘは播種当時から右小麦収穫のための外は本件土地を使用収益する権原を有しなかつたのであるから，Ｘは本件土地に生育した甜瓜苗について民法242条但書により所有権を保留すべきかぎりでなく，同条本文により右の苗は附合によつて本件土地所有者たるＹ₁の所有に帰したものと認めるべきものである（大審院大正10年６月１日判決大判民録27輯10巻32頁，昭和６年10月30日判決，大判民集10巻982頁参照）。……なる程，所論原判示は本件土地に対するＸの占有をＹ等において違法に侵奪したとするものに外ならないけれども，Ｘの本件土地に対する移転登記，土地明渡の請求は何れも本件土地所有権に基くものであり，損害賠償の請求は右甜瓜苗の所有権にのみ基くものであつて，本件土地の占有権に基く請求でないこと記録上明らかである。」

【9】が唯一の最高裁判例であり，また，そこで大審院判例の【5】【6】が援用されているので，最上級審判例の立場を検討する出発点をここに求めることにする。原告が甜瓜苗の所有権侵害による損害賠償を求めたため，所有権帰属を判示する必要が生じたが，事案は契約解消過程での土地返還義務者の返還義務履行遅滞中の，無権原での植栽であるから，被告による自力救済の問題性を除けば，かような契約清算過程での義務違反行為から派生した原告の利益（まくわうりの生育）はすでにその限りで保護に値しないと言わなければならない。判決理由が，使用収益権原の不存在から242条本文による附合を肯定したのは，かような原告の法的構成に答える形で原告の法的利益を否定したものと言える。仮にそこで原告の利益を想定できるとしても，押しつけられた利得の観点からの債権的価値調整額についての限定を受けることとなろう。

さて，【9】は，事実関係としては二当事者関係である【5】に近い内容である。【5】においてすでに，無権原植栽は242条本文の適用となり土地に附合することが語られているが，事案としては，附着後の収去合意があったようであり，この点からの解決も可能であった。【6】は，承諾なき転貸借と所有者の関係である。売渡担保の理解により結論が変わる可能性もある。

総じて，土地利用権者の保護の観点から論じられる類型であるが，従来の判例上の議論はその観点が242条但書との関連でのみ見ら

れやすかった難点があった。この点は学説が多様に指摘するところである。そのなかで，【4】の第二審が善意の転借人を保護する構成として，189条を援用し，植え付けた稲の収取権を認めた点が注目される。債権的合意の考慮が優先するべきことは次第に認識されてきたが，それとあわせて，この類型において特に，附合法の任意性を強調する必要が感じられる。すなわち，附合物の帰属の点のみならず，附合の成否の点についても，当事者間の合意による修正をできる限り認めるべきである。

第3章　立木の判例

【10】 東京控判明44・11・18新聞770-19（樹木所有権確認及び占有妨害排除請求事件）

[事実]　XはY所有の土地上の立木を10年の時効取得をしたものであるとして，樹木の所有権確認とYの妨害排除を求めて本訴を提起。

[判旨]　棄却。
「民法第242条に依れば「不動産ノ所有者ハ其不動産ノ従トシテ之レニ付合シタルモノヽ所有権ヲ取得ス但権原ニ因リテ其物ヲ附属セシメタル他人ノ権利ヲ妨ケス」とあるを以て同条に従うときは例えば他人所有土地の従として其土地に樹木を植付けたる者が該土地に対し何等の権利をも有せざるに於ては其樹木の所有権は植付と同時に土地の所有者に移転し樹木を植付けたる者は其樹木の所有権を喪失するものと云はざる可らず而して此法理は民法施行前に於ても法律として認められたるものなるが故に此法理より推究し又立木は土地を離れては立木として存在すること能はざる点より考うるときは条理としては他人の土地の上に生立する立木に対し原始的に所有権を取得するには必ずや其土地を使用する権利あることを要するものと解せさるべからず民法施行前に於て此点に関し成文又は慣習の存するなかりしを以て右の条理は民法施行前に於ける法律なりと認むるを相当とすべく従つて他人所有の土地上に生立する立木に対し民法施行前に所有権を取得したることを主張するものは先づ其土地を使用する権利を有することを立証すべきなり……此事たるや時効により立木の所有権を取得する場合に於ても何等異なることなし」

　【10】は，民法施行前の紛争であるが，無権原者の植栽が土地所有者に帰属することを条理として，成文法ないし慣習のない時点での紛争に適用している。もっとも，樹木のみの時効取得の要件として，有効な土地使用権原の存在を要求しているのは，現在では異論があろう。

【11】 大判昭6・2・26新聞3244-8（所有権移転登記抹消請求事件）

[事実]　Xは，Yに対し，X先代はY先代に対して，伐採目的で期限を定めて所有土地上の竹木全部を売り渡したが，期限内に伐採をしなかったので，権原を失い附合したとして，立木の所有権を主張して本訴を提起。原審は，この主張を認めなかったので，X上告。

第3章　立木の判例

判旨　棄却。

「土地に生立する樹木にして立木に関する法律に依り所有権保存の登記を為さざるものは独立の不動産と謂うことを得ずと雖該立木のみを土地と分離して譲渡の目的と為すことを得べきことは当院判例の示す所なり（大正5年（オ）第3号同年3月11日当院判決参照）原判決の認定したる事実に依れば上告人X先代は明治33年4月1日本件係争地上に存する竹木全部を伐採の目的を以て被上告人Y先代に売渡したるものなれば原院が該立木のみの所有権を独立して譲渡し得べきものと認め上告人は之が所有権を有せざるものと判示し其の引渡を求むる本訴請求を排斥したるは不法に非ず上告人は被上告人先代は右土地の登記を為したりと称する明治40年3月30日又は其の土地を買受けたりと称する明治38年10月30日迄立木の伐採を為さざりしを以て民法第242条に依り該立木を右土地に附合せしめたるものと謂うべく従て該立木は土地の所有者たる上告人の所有に属するものなりと論ずれども伐採の目的を以て売買を為したる以上は縦令被上告人先代が其の伐採を怠りたりとするも此の一事に依つて其の立木の所有権の帰属に変更を生ずべきに非ざるを以て被上告人先代は該立木の所有権を喪失すべきものに非ず仍て其の所論は当を得ず」

【11】は，伐採目的で買い受けた立木の所有権は，その合意された伐採期限を経過しても，242条但書の権原が消滅したことにより当然所有権が附合により土地所有者に移転するわけではないとした。この点は，債権的合意の効力の柔軟な解釈として評価されよう。

【12】　大判昭15・8・28 新聞4624-7（損害賠償請求事件）

事実　Xは，Yが立木の伐採搬出をしたので，立木の所有権が自己にあることを主張して損害賠償を請求。原審は，土地がYの所有であることを認定しただけで，立木の所有権帰属も決定したのでXが上告。

判旨　破棄差戻。

「樹木が自然に其の土地に生成したるものは当然土地所有者の所有に属すべきこと疑なき所なりと雖も之と異なり樹木が植栽せられて生育せる場合に於ては其の樹木は当然土地所有者の所有に帰属するものと謂うを得ざるは多く説明を要せざる所なり然るに本訴に於てXの主張する所は前記の如くYが伐採したる樹木はXの植栽したるものなりと謂うに在り若し然りとせば地盤の所有権がYの所有なるが故に伐採樹木の所有権がXに属せざりしものと速断することを得ず。原審は宜しく此点に関する法律関係を究明し然る上樹木の所有権は何れに在りやを判断すべきに拘らず……原判決は破棄を免れざるものとす」

【12】は，自然生育の場合と植栽の場合の扱いを異にすべきことを示唆した。

【13】　最判昭34・8・7 民集13-10-1223（山林所有権確認等事件）[21]

事実　本件山林はもとYの所有であったが，Yは地上の立木の所有権を留保し，地盤である土地のみをAに売却した。Aの相続人A′は右土地を立

---

21) 三淵乾太郎・判解63事件（曹時11-10-104），川島武宜・法協77-5-593，石田喜久夫・民商42-2-54，石本雅男・判評24-10，中尾英俊・民法の判例（第3版）71頁，徳本鎮・別冊ジュリ10-202，同・112-182．

20　不動産附合の判例総合解説

木を含む一体のものとして，Xに売渡し，登記を経由した。他方，Yは公示方法を施さないままで，右立木の一部をB等数名に売却した。Xから，Y等に対して，立木の所有権確認，伐採処分されたものの損害賠償を請求。第一審は，立木所有権の特殊性を強調し，分離独立という物権変動として公示方法が必要として，Xの立木所有を肯定。Y控訴。第二審は，対抗要件の問題とすることを否定し，善意の第三者が例外的に民法94条2項，96条3項により保護されるところの公信力の問題として，Yの所有を肯定。X上告。

[判旨] 破棄差戻。

「……立木は本来土地の一部として1個の土地所有権の内容をなすものであるが，土地の所有権を移転するに当り，特に当事者間の合意によって立木の所有権を留保した場合は，立木は土地と独立して所有権の目的となるものであるが，留保もまた物権変動の一場合と解すべきであるから，この場合には立木につき立木法による登記をするかまたは該留保を公示するに足る明認方法を講じない以上，第三者は全然立木についての所有権留保の事実を知るに由ないものであるから，右登記または明認方法を施さない限り，立木所有権の留保をもってその地盤である土地の権利を取得した第三者に対抗し得ないものと解するを相当とする。しかるに原判決は，或る特定の不動産に関し実体上の権利の変動に基かざる単なる登記簿上の所有名義人が該不動産を第三者に譲渡しその登記を経た場合，譲受人たる第三者と真正所有者間における実体法上の効力問題をもって，本来土地の構成部分たる立木につきその所有権を留保した場合その留保を第三者に対抗するための要件問題とを同一視したものであつて，ひっきょう対抗問題に関する法律の解釈を誤つた違法あるものというべく，論旨は理由があり原判決は破棄を免れない。」

【13】は，立木留保取引にかかわる立木所有権をめぐる紛争であり，附着時の問題を扱う附合そのものではないが，立木と地盤の関係についての判例の立場を考えるのに必須の判決である。本判決は，立木のみの売買と立木を留保して地盤のみを売買する場合とを第一審と同様に，対抗問題の次元で同視した。第二審のように，無権利者の取引ととらえた上で，公信の原則を介して第三者保護を図る方法をとらなかったわけである。この点が評価の分かれる点である。一筆の土地の一部の売買にもかかわらず全部につき移転登記がされてしまった場合の第三者との関係を対抗問題ではなく無権利者取引ととらえた大判昭13・7・7民集17-1360との不整合性が批判する側[22]から提起された。しかし，判決は立木と土地の関係を比喩的に言えば，単なる二物の取引ではなく，一物の二物化がそこで同時になされていると見ている[23]。立木は公示方法（公示かつ分離独立化の手段）を伴わない限り，土地が有する公示の吸引力に吸収されてしまう存在なのであり，その点で一筆の土地の売買とは性質が異なるというべきである。

---

22) 前掲・川島判批（注(1)）。
23) 新田・法学研究45-9-46は，判例法理を独立性付与の公示たる「明認方法」と権利変動の対抗要件たる「明認方法」に分解し，前者が所有権の客体的範囲の明確化の観点から，第一次的に重要と述べる。

第3章 立木の判例

【14】 和歌山地新宮支判昭34・8・26判時199-29（山林所有権確認等請求事件）[24]

[事実] XはAから数筆の山林を買い受け地上立木を伐採した上，新たに植林したが，そのうちに登記漏れの部分があり，Bはその部分をさらにAの相続人から買い受けてその登記をした上，Xの植林した立木をYに譲渡し，Yはその立木を伐採しはじめたので，Xはその伐採禁止の仮処分を得るとともに，本訴で立木の所有権確認等を請求。

[判旨] 一部認容，一部棄却。
「……その地上立木については，Xが右両山林を含めた一一筆の山林買受後，買受当時生立していた地上立木を伐採してその跡へ植林し，かつ，明認方法を施しているのみならず，仮に明認方法に十分でない点があつたとしても，少くともXが植林する当時，右両山林がXの所有でないと主張し得る第三者が存在しなかつたことは，前示認定の事実からみて明かであるから，右植林した立木はXが権原（所有権）に基いて両山林に附属せしめた物というべきであつて，民法242条但書により，Xはその後両山林を買受けた訴外A—従つて同訴外人から右立木を買受けたY—に対し，右立木がX所有であることを主張し得る」

【15】 和歌山地新宮支判昭34・9・9判時209-20（仮処分異議事件）[25]

[事実] Xは本件山林及び立木登記を経た旧立木の所有権をAから取得したが，所有権移転登記を経ずに，旧立木のうち約8割を伐採搬出し，その跡に新立木を植林してきた。他方，YとBが持分2分の1でAから山林と立木を取得した上で登記を経た。Yが立木を伐採搬出したので，XはYに対して仮処分を申請。Yが異議申立。

[判旨] 認容。
「(一) 本件山林及び，旧立木についてはいずれも所有権移転登記を経由していないのであるから，正当な取引関係に基ずいて本件山林及び旧立木の所有権移転登記をした第三者が存するときには，この者に対して所有権を対抗し得ないことはいうまでもないところであつて旧立木について債権者が明認方法を施したからといつて対抗力が生ずるものではない。けだし，明認方法は立木登記がなされていない立木に対する所有権の公示方法としては有効であるけれども，一たび立木登記がなされた立木については，爾後の公示方法は登記による以外に許されないと解せられるからである。尤も債権者が旧立木と同時に買受けたと認められる別紙第三目録別表記載中の50年生以上の檜は，立木登記の対象でないから，これについては，本件及び山林及び旧立木の対抗要件具備の如何にかかわらず，前認定の明認方法によつて，第三者に対する対抗要件を具備したものといわねばならない。」

【16】 最判昭35・3・1（民集14-3-307）（山林所有権確認等請求事件）[26]

[事実] Aから山林を買い受けたYが自ら植栽した

---

24) 神田博司・法学新報67-3-74。
25) 明石三郎・判評25-12。
26) 倉田卓次・判解19事件（曹時12-5-49），同・金融法務242-8，林良平・民商43-2-89，金山正信・法時32-14-88，高橋康之・別冊ジュリ10-204，中尾英俊・別冊ジュリ46-136，同・77-140，同・104-134，水

後に，Aはさらに山林を（立木を除外せずに）Bに譲渡し登記を経由し，BはXに譲渡し登記を経由した。XからYに対して山林の所有権確認等を求めた。

判旨　棄却。

「ただ本件立木はYが権原に基づいて植栽したものであるから，民法242条但書を類推すれば，この場合，右B・Xらの地盤所有権に対する関係では，本件立木の地盤への附合は遡つて否定せられ，立木はYの独立の所有権の客体となりえたわけである。しかしかかる立木所有権の地盤所有権からの分離は，立木が地盤に附合したまま移転する本来の物権変動の効果を立木について制限することになるのであるから，その物権的効果を第三者に対抗するためには，少なくとも立木所有権を公示する対抗要件を必要とすると解せられるところ，原審確定の事実によれば，Xらの本件山林所有権の取得は地盤の上の立木をその売買の目的から除外してなされたものとは認められず，かつ，Xらの山林取得当時にはYの施した立木の明認方法は既に消滅してしまつていたというのであるから，Yの本件立木所有権は結局Xらに対抗しえないものと言わなければならない。これを立木所有権を留保して地盤所有権のみを移転した場合にたとえ，右と同趣旨の理路をたどる原判決の説明は正当であって，所論の違法はない。なお，所論引用の大審院判例の事案は，未登記の田地所有権に基づき耕作して得た立稲および束稲の所有権の差押債権者への対抗力に関するものであるが，稲は，植栽から収穫まで僅々数ケ月を出でず，その間耕作者の不断の管理を必要として占有の帰属するところが比較的明らかである点で，成育に数十年を予想し，占有状態も右の意味では通常明白でない山林の立木とは，おのずから事情を異にするものというべく，右判例も必ずしも植物物の所有権を第三者に対抗するにつき公示方法を要しないとした趣旨ではない，と解されるから，本件の前記判示に牴触するものではない。」

【14】【15】は，事案は異なるが，同一裁判官によるほぼ同時期の判決である。【16】に内容上関連する。すなわち，両判決とも，植栽時に第三者が存在しなかった第一買主は自己の（対抗力なき）所有権に基づき，242条但書に基づき，その立木所有権を原始取得し，その所有権は後に第三者が出現してもその第三者に対して主張できるとする構成に特色がある。この考え方は，【16】によって最上級審の見解としては否定されることになるが，すでに，【16】の第一審（福島地白河支判昭28・10・9），第二審（仙台高判昭32・1・12）が，【16】と同様の考えを打ち出していたわけで，それに対する応接がないのは残念である。また，両判決とも，明認方法との論理的関連が明確でなく，説得力をさらに低めている。

立木に関する判例は，昭和30年代をピークとしてほとんど出現しなくなる。この原因は，昭和30年代に出された【13】【16】2件の最高裁判決によって判例法理が確立されたことにあると考えられる。すなわち，【13】は，既に土地上に山林が生立しており，立木

辺芳郎・別冊ジュリ112-184，丸山英気・民法判例百選Ⅰ［第5版新法対応補正版］61事件，東孝行・神戸法学雑誌10-4，玉田弘毅・法律論叢34-2，広中俊雄・法教131-33，神田英明・判例講義民法Ⅰ［補訂版］94事件。

を留保して土地のみ取引された場合で附合の事例ではないが，立木は独立した取引対象となりうるが，その際には明認方法等を講じて第三者に公示する必要を論じた。【16】は，土地の二重譲渡に第一買主の立木植栽がからんだ事例27)であるが，第二買主の登記具備により第一買主の土地所有権取得が否定され，立木所有権については，【13】で明確化された法理，すなわち原則として土地と一体である状態を例外的に変更し分離しておのおのを取引の対象とする場合にはその旨を明認方法等で公示すべきであるという原則を適用し，明認方法等がなされていないため，立木所有権をも対抗できないとしたものである。もっとも，「立木所有権を留保して地盤所有権のみを移転した場合にたとえ，右と同趣旨の理路をたどる原判決の説明は正当であって，所論の違法はない」という表現からうかがわれるように，留保売買と，第一買主の立木植栽後の二重譲渡は，厳密には異なる28)。なお，本判決は，上告理由が【8】を援用して立稲所有権の公示方法がいらないならば，立木の場合も同様ではないかと主張したのに対して，稲と立木の収穫期間・管理方法の違いを挙げて，本判決と抵触しないとした。前者の場合は，占有自体が公示方法となると考えられる。

本判決の事案では，第二買主が契約内容として立木を除外していないと認定されたため，対抗問題となったが，除外されたと認定された事案として，最判昭38・12・13民集17-12-1696[29)]がある。

【17】 最判昭37・5・29判時303-27（売得金帰属確認請求事件）

事実 土地についての二重賃貸借。訴外Aから訴外Bが土地賃借していたところ，XはBから当該賃借権と地上生立の立木所有権を譲り受け，右譲渡は賃貸人Aの承諾を得たが，公示方法はとらなかった。さらに，YがAから賃借した上，立木を伐採した上売却したので，XはYに対して当該立木売却金が自己に帰属することの確認を求めて本訴を提起。原審はXの請求を認めたので，Y上告。

判旨 棄却。

「ところでXは，本件係争地について適法に原判示のような賃借権を有し，その権原に基いて，その地上に本件立木を所有しているのであるから，民法242条但書に従い，右立木所有権は本件係争地の地盤所有者たるAに対する関係では地盤に附合するものではない。しかしながらXの右立木所有権の留保は，地盤に関して右Aから二重に賃借権を取得したYに対して公示方法なくして対抗できるかどうかは別である。しかして被上告人Xは本件係争地の地盤に対する賃借権を上告人Yに対

---

27) 本判決後に，同種の事案に同旨を述べたものとして，最判昭37・8・3裁判集民62-21。
28) 倉田・曹時12-5-51は，一旦生じた附合の効果の遡及的否定として，類推適用というべきとする。ただ，一旦生じたのは，異所有権の結合である「本来の」附合ではないから，その意味でも類推適用である。
29) 立木のみの時効取得後の地盤譲り受けが立木を含まないとされ，時効取得の公示方法欠缺を主張しうる第三者に当たらないとされた事案。判批として，高津環・曹時16-3-75，山本正憲・法経学会雑誌14-2-123，星野英一・法協84-7-112，中尾英俊・民商51-3-92。

抗できる事由はなかつたこと，並びにその地上の本件立木についても地盤から分離してその所有権を第三者に対抗しうるための公示方法はなされていなかつたことが原判文上明らかなのであつて，かりに上告人Yの右地盤賃借権が，その賃借権発生前に生立した立木を処分伐採する権能をも包含する内容のものであるとの事情があれば，被上告人Xは右立木所有権を上告人Yに対抗しうるためには公示方法を必要とするものと解せられ，このように解することは，地盤所有権の取得につき未登記のままその地盤上に植栽した立木所有権を第三者に対抗するには公示方法を必要とするとの当裁判所昭和32年（オ）第325号，同35年3月1日第三小法廷判決，集14巻3号307頁の趣旨に照応するものである。けれども原判決を仔細に検討してみると，原審は上告人YがAから取得した賃借権は，本件係争地の地盤に関するが，地上生立の本件立木にかかわるものではなく上告人Yが本件立木を処分伐採する等の権限を包含するものとは解せられないという趣旨の事実を認定していることを看取するに難くなく，また上告人Yが原判示の通り，本件立木全部を伐採した事実は原審の適法に確定しているところであつて上告人Yの地盤賃借権が，その賃借権発生前に生立していた立木を伐採する権限まで包含しなかつたという事情があつたのであるから上告人Yの本件立木伐採は，その権限をこえた行為であり，被上告人Xはかかる上告人Yに対しては右立木につき公示方法なくしてその所有権を上告人Yに対抗できるものといわなければならない。従つて本件係争地上の本件立木所有権について被上告人Xは，公示方法を備えなくとも上告人Yに対抗できるとした原判決は結局肯認できる。」

【17】は，山林賃借権が二重に設定された場合の立木所有権の帰属が問題となった事案で，Yの第二賃貸借の内容に立木伐採権が含まれていれば対抗問題となり，立木の留保につきXは公示方法が必要となるが，本件事案の認定によれば，そうでない場合であったとして，Xを勝たせたものである。

なお，未登記立木に対する強制執行においていかなる方法が採られるべきかという問題は最判昭46・6・24民集25-4-574[30]が扱うところであり，立木を法律上動産でないから，伐採権の差押・換価によるべきとしたが，なお動産執行によるべきとする説が対立する。天然果実については，旧民事訴訟法584条，現民事執行法122条において，収穫期の1ヶ月以内において動産として扱う規定がある。

---

[30] 判批として，中野貞一郎・民商66-4-142（のちに，『判例問題研究強制執行法』109頁以下に所収）（判決が立木を法律上動産でないから，伐採権の差押・換価によるべきとしたのに対し，強制執行法自体，執行対象の性質に必ずしも拘泥して適用範囲を画しておらず，合目的配慮による選択を強調し，動産執行を基本とすべきと主張）。現在の民事執行法122条第1項は「動産（登記することができない土地の定着物，土地から分離する前の天然果実で1月以内に収穫することが確実であるもの……を含む。……）」と定義している。

第4章　設備・機械等の判例

　本類型は，抵当権者等の担保権者と当該動産の所有者との争いが大半である。

【18】　大判大6・4・12民録23-695（所有権確認請求ノ件）

[事実]　建物抵当権設定後に賃借人（精米会社）Xが据え付けた精米用諸器械について，建物競落人Yに対して所有権確認請求。原審が民法370条に基づき付加物が第三者所有であっても抵当権の効力が及ぶとして，競落人の取得を認めたのに対してX上告。

[判旨]　破棄差戻。

　「抵当権は目的たる不動産を処分することを一の内容と為すものなるを以て其目的物は之れが設定者の処分し得べきものならざる可からざること勿論なれば抵当権の効力は設定者の処分し得ざる他人の所有物に及ぶべきものに非ざること自明なり故に抵当不動産の従として之に附合したる物ある場合に於て其物が不動産の一部となり独立の存在を有せざるときは勿論独立の存在を有するときに於ても民法第242条本文の規定に依り不動産所有者が其物の所有権を取得したるときは民法第370条に依り抵当権が其物に及ぶこと疑を容る可からずと雖も例えば地上権者が目的地に竹木を栽植し又は家屋の賃借人が其家屋に建増を為したる場合の如く若し附合物が他人の権原に因りて附合せられ独立の存在を有するものなるときは他人に於て之が所有権を有するが故に其物を以て抵当権の及ぶべき範囲に属するものと為す可からざること更に多言を竢たず民法第370条は不動産に附加したる物が不動産所有者の所有に帰したる場合に関する規定にして其物が他人の所有に属する場合に適用せらるべきに非ざるものとす……先ず係争精米用諸器械が上告人の権原に因り附属せしめたるものなるや否やを審究せざる可からざる筋合なり……原判決は破棄を免れず」

　【18】は，建物抵当権設定後の賃借人が据え付けた精米用機械につき，建物競落人に対して所有権確認を請求したものであるが，賃借人等が権原で付加し，独立の存在を有するものは，附合せず，したがって，抵当権の対象とならないとして，権原の有無につき破棄差戻したものである。すなわち，370条の解釈基準を242条に求めている。

第4章　設備・機械等の判例

【19】　大判昭12・7・23大審院判決全集4-17-3（仮処分異議事件）

[事実]　Yから所有権留保特約つきで訴外Aに売却された発動機が船舶Bに取り付けられた後，船舶につき売渡担保契約がAとXの間で締結された。Xから発動機の売主Yに対して，発動機の所有ありとして，仮処分異議。原審が認めなかったのでX上告。

[判旨]　破棄差戻。

「物の構成部分は其一部にして独立の物として存在すべからざることは言を俟たず然れば該構成部分の上に独立の所有権を認むることを得ざるや又明白なり……係争の発動機は漁船Bに据付けられたるものなればBの構成部分を為し据付後に於ては独立の存在を有せざるを以て所有権の目的と為し得ざるものと謂うべく仮令被上告人Yが之を訴外Aに売渡したる際売買の当事者間に於て其所有権を売買代金の皆済に至る迄売主たる被上告人Yに留保する旨の特約あり上告人Xが此の特約の存する事実を知りて右Bに付売渡担保契約を締結したるが如き事情ありとするも該発動機がBの構成部分たる状態が存続する限り其上に独立なる所有権を認むるを得ず」

　【19】は，発動機の所有権留保売主と船舶の売渡担保権者の争いである。判決は，発動機が船舶の構成部分となっている限り，発動機に対する独立の所有権の存在を認めえないとして，売渡担保権者の所有権留保特約に対する悪意を考慮していないが，疑問がある。

【20】　大阪地判昭47・12・21判時713-100（所有権確認請求事件）

[事実]　ビルに対する抵当権設定後に，エレベーター，配電盤等の有体動産が売買された事案。抵当権実行による競落人Xから買受人Yに対する所有権確認請求。

[判旨]　認容。

「かかるエレベータは単に不動産の従物に該当するというよりは，むしろ，民法242条にいう「不動産ノ従トシテ之ニ附合シタル物」かまたは同法370条にいう「目的タル不動産ニ附加シテ之ト一体ヲ成シタル物」に該当するというべきであり，したがって，本件エレベータには，本件抵当権の設定時の前後を問わず本件抵当権の効力は及ぶというべきである……ところで本来性質上独自の所有権の対象となりうる有体動産たるべき物であっても，不動産に従として付加または不動産に付加して一体となり，独自の所有権の対象としての適格を失い，不動産の所有権のうちに包摂さるべき場合においても，かかる有体動産たるべき物が右不動産から分離されるときには，かかる有体動産たるべき物は，他の通常の有体動産と同様に，独自の所有権の対象となることは当然である。そして，かかる有体動産たるべき物が不動産の従として付加または不動産に付加して一体となり，その不動産に対する抵当権の効力が及ぶべき場合において，その不動産となるべき物を右不動産から分離して処分をすべきときには当該抵当権者の同意を得なければならず，これを得ないで処分をしたときには，その処分は無効であるというべきである。それゆえ，不動産所有権者が抵当権者の同意を得ないでかかる有体動産たるべき物を不動産から分離して独立に所有権の対象として処分をしたときにおいては，善意の取引第三者を保護す

べき民法192条の規定が適用されるものというべきである」としたが，占有改定による方法であり，要件をみたさないとした。

【20】は，ビルのエレベーター，配電盤等の売却の効力が問題となった事案であるが，いわゆる付加物が分離されて処分された場合に192条の適用があることは争いがないが，本件事案では，当該目的物はビルに付加されたままで占有改定の方法で売却されており，結論としてビル競落人を勝たせているので問題はないが，このような場合を「分離して処分した」といえるのか疑問である。

【21】 熊本地判昭54・8・7下民集30-5～8-367（物件引渡請求事件）[31]

[事実] 原告Xはマンション建設の下請人としてエレベーター設備工事を請け負った。元請負人Aはその後倒産し，Xの工事代金は一部未回収となった。Xは注文者Yに対してエレベーターの所有権に基づく引渡と損害賠償を請求。

[判旨] 認容。
　分離復旧が事実上不可能，社会経済上著しく不利，取引上の独立性を失ったこと，のいずれも否定し，附合を否定した上で，下請負人と請負人の間での所有権留保特約につき，注文者の占有取得時の悪意を認定し，引渡請求を認容した。
　「しかし，他方，右各証拠によれば，右建物は，上階に行くほど居室数が少なくなり，最上階の6階には，二居室のみが存すること，また，右建物の内部には，1階から屋上まで通じている階段が設置されていること，本件エレベーター一式の前記取外しに要する費用はおよそ40万円であり，取り外すことによつて，取引の対象たるを何ら失わないことが認められるのであり，これらの事実に，前判示のとおり，本件エレベーター一式についてのBハイツエレベーター設置工事代金が550万円であつたのであり，右取外し費用は，右工事代金の1割にも満たないことを併せ考えると，エレベーター設置による右便利さのみをもつてしては，本件エレベーター一式をBハイツの建物から分離復旧することが社会経済上不利な程度に至つているとは認め難く，ほかに，被告の右主張を裏付ける証拠及び事情はない。……
　Aの経営状態は，昭和49年の春ごろには特に憂慮すべき状態となり，エレベーター設置工事のほかに，AからBハイツの空調設備工事と給排水，衛生設備工事を請け負つていた原告は，同年1月ころから右空調工事を始めていたが，この出来高払債権のうち同年3月にAから支払われるべきものが，支払不能となつたため，Aの右経営状態を察知し，Aから請け負い，同年3月の終わりころには工事を開始していたBハイツエレベーター設備工事を，右空調設備工事とともに，同年4月14日から一時中断した上，右工事代金債権保全のため，原告代表取締役C（以下「原告代表者」という。）及び原告会社営業部長のDが，A熊本営業所に赴いたり，Bハイツ建築施工に当たり，その当初から施主である被告Yのため施工業者の選定はじめ種々相談に応じていた建築設計事務経営のEのところに赴いたりなどして，債権保全策について種々相談したこと，しかし，原告Xが提案した被告Yとの直接契約や，被告あるいはEがAの原告Xに対する請負代金債務について連帯保証するという方法は合意が得られず，原告は，結局昭和

---

31) 新田敏・金商592-47, 野口恵三・NBL201-44。

49年5月29日，Aとの間に，改めて，Bハイツエレベーター設備工事の請負契約を書面化するとともに，前記一で認定したとおり，右契約の中で本件エレベーター一式について，原告がこの所有権を留保する旨の特約を定め，この特約によって，右エレベーター設備工事代金の支払を確保しようと考えたこと，右契約直後，原告代表者は被告代表取締役F（以下「被告代表者」という。）の経営するクラブGに赴いて被告代表者と面談し，原告XとAとの間に，右所有権留保の約定がなされたことを説明し，被告YがAにBハイツ新築工事代金を支払うときには，Aの資金状態に留意しないとエレベーター設備工事代金については二重払の危険がある旨を告げ，更に，翌日にはDが被告代表者に同様の話をしたこと，そして，原告Xは，その直後，所有権留保約款の特約が成立し，エレベーター設備工事代金債権回収が確保されたものと考え，本件エレベーター設備工事を再開したこと，
以上の事実が認められ，この認定事実に反する証人Eの証言部分及び被告代表者の供述部分は，前記各証拠に照らして措信できず，ほかに右認定をくつがえすに足りる証拠はない。
2 右事実によれば，被告は，原告とAとの間の本件エレベーター一式についての所有権留保特約を了知しながら，前記五で判示したように，本件エレベーター一式の占有を開始したものといわざるを得ず，再抗弁1は理由がある。」

【21】は，エレベーター設備工事の下請人が注文者にエレベーター設備の所有権にもとづく引渡請求を求めたものである。附合の成否につき，詳細に認定しており，特に分離復旧の社会経済的不利益につき，当該ビルの利用方法を具体的に認定した上で，ビルに与える不利益，エレベーター設備に与える不利益を別個に認定した上で附合を否定した点に特徴がある。注文者の，請負人と下請人間の所有権留保特約についての悪意についても詳細に経緯を認定した上で肯定した。

【22】 東地判昭55・1・28判時964-87（第三者異議事件）[32]

事実 根抵当権の設定されたビルの設備（冷暖器，空調器，エレベーター制御機器，エレベーター巻上機用モーター，自家用発電設備）に対するビル所有者Aの債権者Yがした差押に対して，根抵当権者Xが第三者異議。

判旨 認容。
「(一) 冷暖器（別紙第一目録の一）について
《証拠略》によると，右冷暖器は，本件ビルの4階から11階までの各階の壁面に8個ずつ取り付けられた冷暖器設備で，縦40.7センチメートル，横106.7センチメートル，奥行48センチメートルの大きさで，80キログラムから87キログラムの重量のものであること，本件ビルの右各階は，右冷暖器を埋め込むことができるように設計され，右各階の壁面には右冷暖器の大きさに合わせた穴が空けられており，右冷暖器はその箇所にボルトで固着する方法で据付けられ，かつ，ビルの内部と外部とを遮断する壁の役割をも果していること，以上の事実が認められる。
(二) 空調器（別紙第一目録の二）について
《証拠略》によると，右空調器は，「屋内ユニッ

---
32) 山崎寛・新版注民(9)117頁。

ト」と呼ばれ，本件ビルの2階及び3階の所定の置場に据付けられており，そうして，本件ビル3階の機械室の「屋外ユニット」に配管結合され，「屋外ユニット」と一体をなして右2，3階に冷・暖気を送る空調設備であること，右空調器は縦147.1センチメートル，横78.8センチメートル，奥行58.9センチメートルの大きさで，127キログラムの重量のものであること，以上の事実が認められる。

(三) エレベーターリレー及びスパライン（別紙第一目録の三及び四）について

《証拠略》によると，右エレベーターリレーは，本件ビルに設けられているエレベーターの扉の開閉，各階の停止などの運行制御を行なうもので，エレベーターの構成部分をなす一機器であり，本件ビル11階屋上のエレベーター機械室に他の制御機器と共に収納されていることが認められる。

《証拠略》によれば，右スパラインの正しい名称はスーパーラインであり，これは本件ビルのエレベーターの巻上機（エレベーターのロープを巻き上げるもの。）を作動させるための電動機（モーター）であって，前記エレベーター機械室にボルトで固着して据付けられており，エレベーターの構成部分であることが認められる。

(四) キュービクル（別紙第一目録の五）について

《証拠略》によると，右キュービクルは，本件ビルにおいて自家用変電を行なうための変圧器，開閉器，オイルスイッチ等の機器及びこれらを内蔵した鉄製の外箱を含む設備一式であって，本件ビル11階の屋上の据付台にボルトで固着する方法で設置されていること，右キュービクルは本件ビルの需要電力量に応じて製作された特注仕様に基づく特注品であるので，これを取り外すときは，その価額は著しく減少するものであること，以上の事実を認めることができる。

(五) 右(一)から(四)までの認定の事実によると，次に述べるとおり本訴物件は本件ビルに従として附合した物（民法242条）であると認めるのが相当であるから，したがって，原告主張の根抵当権の効力が及ぶものというべきである。すなわち，本件ビルが地上11階建，床面積の合計1,922平方メートルに及ぶ事務所，店舗，駐車場の高層建築物であることは弁論の全趣旨により明らかであるところ，このような本件ビルにおいては，冷暖房の空調設備，エレベーター，変電設備が必要不可欠のものであることは経験則上容易に肯定しうるところである。

そうして，右各設備を本件ビルから取り外すときは，本件ビルの経済的価値を著しく毀損させることになるものであり，他方右各設備自体は本件ビルの構造及び形状等に応じ具体的な設計により設備されたものであることからすると，右各設備を本件ビルから分離するときは，その社会経済的価値が著しく損われるものであることも明らかである。

したがって，本件ビルの冷暖房の空調設備である本件冷暖器及び空調器並びにエレベーター設備の構成部分の一機器である本件エレベーターリレー及びスパライン並びに変電設備である本件キュービクルは，いずれも本件ビルに従として附合した物にあたると解するのが相当である。

(六) （仮に，本訴物件が右に述べた附合物と認めることができないとしても，前記認定の事実によれば，本訴物件は本件ビルの常用に供されているものであることを推認することができ，また右物件がもとAの所有であったことについては当事者間に争いがないから，本件ビルの従物にあたることは明らかである。そうして，《証拠略》によると，本訴物件は本件ビルの建築完成時には設置されていたことが認められるから，本件根抵当権設定当時には存在していたということができる。したがって，本訴物件に本件根抵当権の効力が及んで

いるとする前記㈤の冒頭の結論は，この場合であっても変りがない。）

三　してみると，本件ビルの根抵当権を理由として，その効力の及ぶ本訴物件に対してされた強制執行の排除を求める原告の本訴請求は，その余の主張について判断を進めるまでもなく理由があるからこれを認容し，訴訟費用の負担について民事訴訟法89条，強制執行停止決定の認可及びその仮執行の宣言について同法549条，548条1・2項を適用して主文のとおり判決する。」

【22】は，【21】と異なり，ビルの利用状況，分離の不利益共に，附合の肯定に働いた事案である。争われた対象が，【21】のようにエレベーター設備のみではなく，冷暖器，空調器，変電設備等が含まれていたこと，各設備が特注品であることが結論を分けたと思われる。

【23】　東京高判平18・4・13判時1928-42（設備費用等請求控訴事件）

事実　住宅販売業者から依頼を受けて建売住宅にあらかじめ液化石油ガス消費設備を設置したプロパンガス販売事業者Xから，当該建物を購入したが，その後解約した者Yに対して，合意にもとづき売買代金ないし設備費用相当損害金として支払を請求する事案である。一審はXの請求を棄却したのでX控訴。

判旨　一部取消，一部変更。
「各被控訴人との間で，控訴人が費用を負担して設置した上記各設備につき各被控訴人が無償でこれらを使用することができることとし，上記の耐用年数の全期間が経過すれば各被控訴人の上記各物件の設置費用等の負担分は消滅し，上記各設備については各被控訴人が確定的にこれらを取得することとするが，上記の耐用年数の全期間が経過する前にLPガス供給契約が被控訴人によって解除された場合には，上記各設備を当該被控訴人に帰属する資産として現状のまま残置しつつ，解除の時点における上記各設備の残存価格相当額を当該被控訴人が負担することとすることを実質ないし骨子とする合意を締結すべく，各被控訴人に対し本件契約書（甲2, 6, 10, 14, 18, 20, 22, 24）をもって，それぞれ合意の締結を申し込み，各被控訴人が何ら異議を述べることなく，本件契約書に署名押印して受領したことにより，控訴人と各被控訴人との間においてそれぞれ上記の内容を実質ないし骨子とする合意が締結されたものというべきである。」

「その撤去，復旧は，物理的には不可能ではないとはいえ，これを行うことは社会経済上相当程度不利益であるというべきであり，したがって，LPガスの消費設備は各被控訴人の自宅に付合しているものといわざるを得ないから，各被控訴人として，既にその所有権を取得しているということになる。そうすると，本件契約書を取り交わすことによって仮に文字どおりLPガス供給契約の解除を停止条件とする売買契約が締結されたとすれば当該停止条件付き売買契約は，上記付合が認定できる限度において，各被控訴人が原審以来抗弁として主張しているように，原始的不能ということになり，法律的には契約が成立していないかのようである。……しかしながら，……」

「本件設備合意は，上記各設備が建物に付合するか否かにかかわらず，すなわち，合意の時点において，各設備の所有権が法的に各被控訴人に帰属しているか否かにかかわらず，利益調整合意として有効に成立していると見るべきであり，停止条件付き売買契約という法形式の外形にこだわるこ

とは適切ではなく，その意味で，LPガスの消費設備及び供給設備についての合意に関して，控訴人が，選択的にせよ，停止条件付き売買契約を主張しているのは，適切ではないといわざるを得ない。したがって，本件設備合意については，契約当事者が用いた文言に拘泥することなく，LPガス供給設備及びLPガス消費設備の設置費用の負担，これらの設備の帰属及び利用関係や，所定の耐用年数の全期間が経過する前にLPガス供給契約が被控訴人によって解除された場合における控訴人と各被控訴人との間の利益を調整することをその実質とする合意がされたものと解するのが相当である。」

【23】は，いわゆる無償配管慣行（プロパンガス販売事業者が，住宅販売業者の建売住宅に対して無償でプロパンガス配管工事を行い，当該住宅販売業者から住宅購入者の紹介を受け，その住宅購入者とプロパンガス供給契約を締結するもの）の下で設置されたプロパンガス設備に関する合意の解釈と効力が問題となったものである。プロパンガスに関する特別法（液化石油ガスの保安の確保及び取引の適正化に関する法律）の制約もあり，一般化しにくい事案であると思われる。判決の結論は妥当と思われるが，附合をまず肯定した上でその効果を相対化するという叙述になっているため，やや論理的説得力に欠ける。端的に当事者の合意の内容を附合の効果にも反映させればよかったのではないかと感ぜられる事案である。

第5章　建物増改築の判例

　建物増改築が増改築者の増改築部分の所有権取得を導くか，原建物所有者の附合による所有権取得を導くかがここでの問題である。抵当権の効力追及の場面では370条の付加物の解釈問題と競合する。また物理的接合を前提とする場合には建物区分所有権の成否の問題が競合する。さらに，接合を前提としない場合には，従物法理との関係が問題となる。さらに，不動産登記法44条1項5号の規定する附属建物登記が実体関係に及ぼす影響がある[33]。以上の点について，判例法理は個々の判決を通じておおよその原則を形成してきたが，前記した各制度相互の関係は必ずしも明らかでない場合が多い[34]。また，建物の付合が問題となる場合，紛争の事案や当事者の主張に応じて，後に扱う合棟・合体（第6章）ないし加工（第7章）の事件として現れる場合がある。

【24】　大判大5・11・29民録22-2333（建物所有権確認竝不当利得金返還請求ノ件）

[事実]　訴外AはYより建物を賃借して湯屋営業を営んでいた。AはYの承諾を得て洗い場部分を取りこわし，自らの材料・費用をもって新たな洗い場を築造した。この部分に抵当権が設定され，実行により競落した原告Xが，賃貸人Yに対して，所有権確認とAに対する賃料収入を不当利得として返還請求した。原審はXの区分所有権と不当利

---

[33]　槇「建物の意義と集合建物における物的結合体の形成㈢」民商102-3-291以下，同「建物の合体をめぐる物権的法律関係(2)」判時1495-30以下。

[34]　瀬川・研究274頁以下は，紛争対象利益を所有権，空間権に区別しつつ，詳細な類型化を提示する。特に，建物明渡請求を附合の成否の問題としてではなく，敷地占有権原の存否の問題として扱うことの提唱（292頁）は注目される。確かに，そう考えることにより，増改築の附合が否定された場合にさらに敷地の利用権原を別個に判断する必要がなくなり，紛争の一回性に資する。もっとも，判例実務は弁論主義・処分権主義を重視しているのではあるまいか。附合が否定されても，敷地利用権についての交渉の余地は残されているわけだから。
　槇悌次「建物の意義と集合建物における物的結合体の形成㈠」民商102-1-1以下は，建物の関係につき，単一建物，主従建物，集合建物と類型化した上で，判例分析する。

得返還請求を認めたので、Yが上告。

[判旨] 一部破棄自判，一部棄却。
「凡そ数人にて1棟の建物を区分し各其一部を所有することを得るは民法第208條の認むる所なりと雖も其区分所有権を認むるは1棟の建物中区分せられたる部分のみにて独立の建物と同一なる経済上の効用を全うすることを得る場合に限るものにして其部分が他の部分と併合するに非ざれば建物たる効用なきときは1棟の建物として所有権の目的たるべきも各部分に付き区分所有権を認むべきものに非ず。……賃借人が賃借建物の一部を所有者たる上告人Yの承諾を得て改築したる場合に於ては賃借人の材料を使用し其費用を以て築造したるときと雖も改築の部分たる洗場は権原に因りて附属せしめたるものに非ずして浴場の構成部分として他の部分と不可分の一体を成し各独立しては湯屋営業を為すに由なく建物の全部上告人Yの所有に属すると同時に賃借人の区分所有権は到底之を認む可からざるなり」

【24】は、戦前において賃貸人の改築部分の帰属が争われた数少ない上告審判決であるが、「区分せられたる部分のみにて独立の建物と同一なる経済上の効用を全うすること」を区分所有権成立の要件としている一方で、賃貸人による改築の承諾が民法242条但書の権原に直結しないことに言及している。区分所有と権原両者の関係は明らかではない[35]。

【25】 最判昭28・1・23民集7-1-78（所有権確認等請求事件）[36]

[事実] 家屋売買当事者間で増築部分が売買の対象に含まれるか否かが争いとなった事案。売主3人（共有）のうちの1人が被告である増築者Yであり、仮に附合としても、被附合不動産とは別個の存在を有し別個に所有権の客体となりうる場合であり、別個の所有権移転の意思表示が必要としてY上告。

[判旨] 棄却。
「原審認定の事実によれば右各増築部分が既存建物に対し添附の関係にあることを認められないことはなく又右増築部分が取引上既存建物と別個の所有権の対象となり得べきものであるからといつて、ただそれだけの理由によつて既存建物所有者が附合による増築部分の所有権を収得するを妨げるものではない。蓋し民法第242条但書は附合物が取引上独立性を有する場合においても、権原によつて附属せしめられた場合に限り、これを附属せしめた者に附合物に対する所有権を保留せしめる趣旨と解すべきであるからである。ところが上告人が前記(ロ)(ハ)の増築部分を権原により前記既存建物に附属せしめたことは原審において上告人の少しも主張するところでないから、右増築部分が増築当時既存建物の共有者である上告人及び前記訴外人等3名の共有に帰したものとする原判決は相当であって、上告理由第二点中この点につき原判決には民法第242条の解釈を誤つた違法があるとの論旨は理由がない。
又民法第242条は、不動産の附合物あるときは不動産の所有権は当然その附合物の上にも及ぶことを規定したものであり、この場合たとえ附合物

---

35) 同様の趣旨を説く判決として、大判昭6・4・15（新聞3265-12）（建物明渡並収去請求事件）がある。
36) 田中整爾・民商29-1-48。

が取引上当該不動産と別個の所有権の対象となり得べきものであっても，附合物に対する所有権が，当該不動産の所有権の外に独立して存することを認める趣旨ではないと解すべきであるから，これと異る見解を前提とする上告理由第一点の論旨も亦採用の限りでない。」

【25】は，家屋売買当事者間で増築部分が売買の対象に含まれるかが争いとなった事案であるが，最高裁は，増築部分が別個の所有権の客体となりうる場合であるから附合していないと主張した上告理由に答えて，242条但書により附着者が所有権を留保できるのは，附合物が取引上独立性を有するだけでは足りず，付属が権原によりなされたことが必要であることを説いた。すなわち，附合という法律効果を排除するには，二つの要件，付着物の独立性と権原による附着が必要であることがこの判決で明らかにされた。

【26】 東京地判昭30・4・25訟月1-3-85（建物所有権確認登記抹消請求事件）

事実 XはY₁との間で敷地の利用，土地上にある焼残物煉瓦壁体を活用してXの資金で簡易宿泊所を建設すること，その経営による利益の一部を寄付金名義でY₁に交付することを内容とする契約を締結した。Y₂（国）がY₁に土地を払い下げる際に，この建物を国有財産として所有権保存登記した上で，Y₁に移転登記をした。さらに，Y₃がこの建物に抵当権設定登記を経由した。Xは，Y₁等に対して，建物の所有権確認と登記抹消を請求した。

判旨 棄却。
「原告が施行して本件建物として築造するに利用した焼残煉瓦壁体は，単なる瓦礫の焼残物が焼跡に堆積しているのとは異り，もとは煉瓦造建物であったのが戦災により屋根や床やその他木造部分が焼け不燃焼体たる煉瓦造の壁体が焼残つたものであり，コンクリートの基礎工事の上に，厚いところで1尺2寸，薄いところでも8寸もある壁を有し，高さが地上から17尺2寸位あるもので，従前の煉瓦造建物の外廓をなし，いまだ全く建物としての効用価値を失つた程度に至らず，これに屋根をのせ，内部に床を張り間仕切りさえすれば十分に建物として居住その他の使用にたえるように副用せられ得るものであると認めるに十分であるから，右焼残煉瓦壁体を以て単なる瓦礫の焼建物と同じく焼跡に堆積する動産又は焼跡の土地の一部をなすとみるべきものではなく，それ自体なお建物としての独立の不動産たる性質を有するものと認むべきこと，正にかの戦火に罹つて焼けた鉄筋コンクリート造建造物と同様であると認めるのが相当である。従つて原告がこの焼残煉瓦壁体に屋根と床とを加えて住居にたえ得るように施工したこと前記認定のとおりであるが焼残煉瓦壁体がなお独立の不動産と認むべき以上，右施工によつて原告が新にその所有権を取得すべきいわれはなく，民法第242条によれば，却つて右焼残煉瓦壁体（これがなお不動産と認められるから）の所有者が原告の施工によつてこれに附合した屋根及び床の所有権を取得すべきものというべく，……原告は右施行するに当り，被告学園に対し被告学園名義を以て右焼煉瓦建物を自己の費用において宿泊所用に施工し，且つ右施行着手と同時に金10万円を被告学園に寄附し完工の暁において右建物による宿泊所の経営を引受けたものであり，しかも原告の経営引受の期間は適当の時期において右両者協議の上定めることを約したことが明かであつ

て，右契約の趣旨に徵すれば，原告はその完工による宿泊所経営による利益に着目してその施行の費用を負担し，被告学園に対しその費用の償還を請求する意思なきのみか，施行着手に当り金10万円を被告学園に寄附することを約したのであつて，たとえ原告の施工によつて新に1箇の不動産ができその所有権が発生するに至つたとしても，その所有権は被告学園に帰属し，原告はその建物を利用して宿泊所経営の権利を取得すれば足りる合意の下に為されたと認めるに足りるから，原告が附合混和の原則によつて本件建物の所有権を取得したものとは到底認め難い。」

【26】は当事者間の契約解釈が結論を導くにつき，併せ考慮された事案である。

【27】 東京地判昭33・8・12判時164-29（家屋明渡請求事件）

[事実] 家屋所有者Xからの明渡請求に関し，賃借人Yが建築し保存登記を経由した物置の帰属が問題となった事案。

[判旨] 棄却。

「右物置は本家屋の他の部分の階下北側に密着して建築せられた建坪2坪7合程の木造の小屋であって，その柱壁板屋根等は右家屋のそれとは全然別個のものが使用せられ構造上独立のもののように見受けられるが，……その構造広さ経済的利用価値前掲家屋との利用関係等から見て，……むしろこれに付随し作り掛けたその一部を構成する増築部分であり，而も右家屋と併合してはじめて建物としての経済上の効用を全うすることができるものと見るのが相当であって，……その増築と同時に前掲家屋の一部を組成し，従つて右家屋の所有権の客体としてその所有は右家屋の当時の所有者に帰属し，その所有権の移転と共に結局原告Xに帰属するに至つたものと言わなければならない。」

【27】は利用上の独立性が欠け，附合が認められた事案である。

【28】 最判昭34・2・5民集13-1-51（家屋明渡請求事件）[37]

[事実] 賃料不払による建物賃貸借の解除にもとづく明渡請求及び未払賃料の支払請求。第二審で原告・賃貸人Yは家屋所有権確認につき訴えを拡張。事案は，2階建アパートの階下の一画の区分所有権者Xが，これを賃貸の目的で改造するために取りこわし，柱および基礎工事等を残すだけの工作物とした上で，右工作物を，賃借人Yの負担で改造する約束で賃貸し，賃借人において約旨に従い建物として完成させた場合に，その建物が元の工作物所有者か賃借人のいずれに帰属するかが争われたもの。原審が，既存工作物につき一つの不動産とし，賃借人によって付加されたものはこれに附合し，現在の家屋全体が賃貸人の所有に帰するとしたのに対し，被告・賃借人は，工作物と改造後の建物は取引上1個の建物と同視できず，建物所有権を自ら原始取得したとして上告。なお，賃料不払の事実は認められず，明渡請求は棄却。

[判旨] 棄却。

「しかし原判決は，被上告人X所有の改造途中の所論工作物を利用し，造作等一切を上告人Yの負担で取付ける等の約束で，本件賃貸借が成立する

---

[37] 井口牧郎・判解民5事件，川島武宜・法協76-6-695，小林三衛・民商41-1-95。

に至つた事実を認定し、その完成された建物の所有権の帰属については、結局民法242条本文の附合により被上告人Xの所有に帰したものである旨を判示しているのであつて、右認定・判示は、原判決挙示の証拠によつて是認することができ、別段所論の違法は認められないから、論旨はいずれも理由がない。」

【28】は区分所有権者の所有する区画を基礎のみを残した上で賃借人に引渡し、建物として完成させた場合の帰属が問題となったものである。判決は242条本文の問題として扱っているが、後掲原審判決理由が示すように、当事者間の特約の効果が微妙に影響を与えたと見られるものである。

なお、原審判決（東京高判昭31・1・30東高民報7-1-7）は、賃貸借の目的物につき、

「しかしもともと旧建物ははじめは区分所有権の目的たる完全な建物であつたのを被控訴人が改造の上他に賃貸する目的で前記の程度にとりこわしたもので、建物たる効用を廃止する趣旨で取りこわしたものではなく、賃貸借当時は完全な建物から改造後の完全な建物へと移行する過程にあつたというに過ぎず、しかもこれら既存の工作物を除外しては建物建築はほとんど不可能というべき関係にあり、その前後を通じてみれば、これを取引上1個の建物と同視して差支えなく、この程度の段階において賃借人が自費でこれを完成して使用するという特約のもとにこれを賃貸借の目的に供するときは、かかる取引上1個の建物と同視すべきものについて賃貸借が成立するものと解するのを相当とする。」と述べ、家屋所有権の帰属につき、

「本件旧建物における既存工作物はそれだけを切りはなしてみるときはなんらそれ自体としては建物としての効用をもつものではなく、周壁その他の造作を加えてはじめて家屋としての本来の効用をみたすにいたるべきものであることはこれを肯認しなければならない。しかしかかる状態における既存工作物は本来家屋たりしものの骨格であるとともに将来家屋たるべきものの骨格をなし、しかも現に土地に定著するものであるから、それ自体動産ではなく、所有権の客体としては一の不動産と目すべきものである。これに反し控訴人の施した工事によつて附加されたものは、被控訴人の既存工作物と相まつて一の家屋を構成するその構成部分であり、既存工作物を失えば土地の定著物たるの実を失い、かつこれなくしては独立の存在を保ち得ない関係にあるから、前記既存工作物に従として附加された動産とみるべきものである。しかもこの状態のままではそれは独立して所有権の客体たり得るものではないから、民法第242条により、その但書にかかわらず控訴人はこれについて所有権はこれを留保し得ず、現在ある家屋の全体は附合により被控訴人の所有に帰したものと認めるのを相当とする。従つて当初の賃貸借は本件家屋が被控訴人の所有に帰した時から当然に本件家屋全体に及ぶにいたつたものというべきである。控訴人としては少くとも民法第248条によりその費した金額の償還を求める権利を有するものと解すべく、控訴人としてはこれをもつて満足するほかはないものといわなければならない。」と述べる。

【29】 東京地判昭34・3・24判タ92-70（家屋明渡請求事件）

事実　家主Aの承諾の下になされた増築部分を、Aから家屋を買い受けた新家主Xの賃料値上げ要求に端を発する紛争に際し借主Yが取り壊したこ

第5章　建物増改築の判例

とに対して，賃貸人Xが取りこわし等には貸主の承諾を要する特約条項違反として解除した事案。

判旨　認容。

「……によれば，患者専用便所は本件家屋の柱を利用し新たに3本の柱をたてて築造した，半坪のとたん葺さしかけ屋根の便所であり，手洗（別紙図面（二））から本件家屋に出入りできるようにし，便所と手洗との間には板戸が設けられていたことが認められる。右認定によれば，右便所は独立した建物とみるべきではなく，本件家屋の構成部分となつていると認めるべきであるから，被告Yが訴外Aの承諾を得て自己の費用で増設した場合においても，本件家屋の所有者である訴外Aの所有に帰したものと解しなければならない。被告は右便所は独立の不動産であると主張し，又被告が権原により附属せしめたものであるから被告の所有に属すると主張するが，いずれも理由がない。そこで，右の場合，増築部分を賃借人が収去することができるかどうかについて考えるに，賃借人が賃貸人（所有者）の承諾なく右のごとき増築をした場合には賃貸人は勝手に賃借物の変更を加えたものであるから，これを原状に復する義務があることは勿論であるが，賃貸借終了の際，賃貸人がかえつて原状に復することを欲せず，現状の儘賃借物の返還を求めるときは，右増築部分の所有権も賃借人に帰属した結果，現状の儘賃借物を賃貸人に返還すべきものと解すべきであるが（尤もこの場合，賃借人は有益費の償還請求権を有するのであろう。）賃借人が賃貸人の承諾を得て「右の如き増築をした場合にも，一旦賃貸人の所有に帰した以上別段の定めのない限り，賃借人は賃貸人の承諾なくして右増築部分を収去することはできず，賃貸借終了の場合は現状の儘返還し，有益費の償還を請求する権利を有するにすぎないものというべきである（ただこの場合賃貸人も増築を承諾し

た以上原状回復を賃借人に請求できない）。成立に争いのない甲第一号証によれば，本件賃貸借契約においては「賃借建物は現形の儘使用し，賃貸人の承諾を得なければ建物又は造作物を変更しない。」旨の特約があつたことが認められるが，その他別段の定めがなされたことを認める証拠はない。してみると，被告は原告のなした患者用便所の原状回復を求める催告に応ずる義務があり，右催告に応じなかつたことにより，本件賃貸借契約は昭和26年12月8日経過と同時に解除されたものと解すべきである。」

【29】は構造上の独立性が欠けるため，附合が肯定された事案であるが，費用の償還との関係の叙述が詳しい。

【30】　最判昭35・10・4判時244-48（家屋明渡等請求事件）

事実　賃貸家屋に無断で増築した賃借人が抵当権実行による競落人の明渡請求に対し，増築部分の区分所有を主張した事案。

判旨　棄却。

「不動産の従としてこれに附合した物がその不動産の構成部分となつた場合又は附合物が社会通念上その不動産の一部分と認められる状態となつたときは民法242条により不動産の所有者は附合物の所有権を取得するのであつて，民法208条所定の区分所有権はその部分が独立の建物と同一の経済上の効力を全うすることを得る場合に限つて成立し，その部分が他の部分と併合するのでなければ建物としての効力を生ずることができない場合にはこれを認めることができないものであり，その部分が構成部分となつた場合にはもちろん附合

の効力を生ずるとともに，もはやその部分は独立の建物と同一の経済上の効力を有し得ないものである。そしてその部分が独立の建物と同一の経済上の効力を有するか否かの判断に当つては社会通念上の経済的利用の独立性と事実上の分割使用の可能性とを混同すべきではない。」

【30】は無断増築部分につき増築者である賃借人と建物競落人の間で帰属が争いとなったものであるが，賃借人は旧民法208条による区分所有権成立を主張した。判決は区分所有権成立の要件である，その部分が独立の建物と同一の経済上の効力が全うできる場合を挙げている。附合と区分所有権の関係については必ずしも明らかではない。

【31】 東京地判昭36・7・31 法曹新聞166-8（建物抵当権不存在確認事件）[38]

[事実] Xは，実兄で養父であるAが所有する建物に増築（昭30・7月）をしたところ，その後，Aが建物にYのために抵当権を設定し（設定登記は昭30・12・24），競売手続が開始したので，自分が増築し，その後保存登記（昭33・12・8）をしたところの増築部分について，抵当権者を相手取り，所有権確認を求めた事案。

[判旨] 認容。

「本件の争点は既存の建物に接着して建築された建物が既存の建物の構成部分として付加して一体となり増築部分について建物としての独立の所有権の客体と認められず，既存の建物だけの所有権しか存在しないものであるか又は増築部分が従物としての存在価値しか認められないかどうか（建築者を異にするかどうかの点を含み）したがつてこれにより既存建物についてなされた抵当権設定の効力がその設定契約前になされた増築部分に及ぶかどうかの法律的判断の点にあつて，その余の原告主張事実は被告の認めるところである。

ところで増築部分の建物が所有権の客体としての単位と認められるかどうかの点は一般に物の所有権の認められる社会的経済的基盤に即し，個人の意思の尊重と取引の安全の要請とを参酌して決せられるべきであり，特にその物の経済的効用を重視し合理的客観的に定められる筈であるけれども，建物においてはどの程度のものが経済的効用の単位として認められるべきかどうかの点は社会生活の進歩発展に伴い一定の判定基準を設定することが困難といわねばならず殊に一個の建物について区分有を認むべき社会的経済的要請の強まりつつある傾向に鑑み，単にその物の客観的性状に止まらず所有者たる個人の意思をも参酌して所有権の単位を決するのが相当と考える。

よつてこの観点から本件を見るに別紙第一目録記載の建物が昭和30年7月に建築され，昭和33年12月8日X名義に所有権の登記が経由されたこと当事者間に争いのない処であるから反証のない本件では右はXの建築にかかるものと推認する外はない。そしてXはその実兄で養父であるAとA所有の別紙第二目録記載の建物を使用しているのであるから別段の事情の認められない本件ではXは右建築について敷地所有者たるAの承諾を得ているものと認めるべきである。

ところで当事者間に争いのない事実と検証の結果によれば，右増築建物は階下に廊下と押入付の四畳半，階上に総2階の板の間があつて中以上の建築材料を用いていることが窺えるので，総建坪

---

38) 瀬川・研究265頁［80］。

第 5 章　建物増改築の判例

十坪弱であることに照し建築費は数十万円を下らないと推察されること及び右増築建物の西側は廊下を隔ててA所有の第二目録の建物と接着し両建物の南側の廊下は相通じ，増築建物の西側の廊下は渡り廊下を経て第二目録の建物の湯殿台所に通じていて増築建物には炊事場，便所，洗面所及び玄関と目すべき部分はなく第二目録の建物のそれを利用しているものと推察されるが，両建物には構造上共通部分はなく増築部分は別個の建物として既存建物を切り離してもその存在と利用に支障のないものであり道路からは表又は裏の出入口から靴脱石を経て出入できることが認められる。そして必要とあらば炊事場，洗面所，便所などは余地があるので容易に付置し得る状況であることに鑑みると右増築建物は既存建物からの別個独立の存在と居住に利用し得る経済的効用を兼備するものであつて，それ自体所有権の客体となり得るものと認めるのが相当である。

Yは右増築部分はAにおいて既存建物の一部として又はXがその一部とする意思で建築したと抗争するけれどもこの事実を認むべき証拠はない。

次にYは増築部分は既存建物の従物であると主張するけれども所有権を異にするから主物従物の関係は認められないところである。してみれば右増築後Aが第二目録記載の建物について抵当権を設定しても，その効力が第一目録記載の建物に及ぶ理由はないものといわねばならない。

そして当事者間に争いのないX主張の競売手続の経過と（但し競落によつてXは第一目録記載の建物の所有権を喪失することはない）本件弁論の趣旨に鑑み，確認の利益があるものと認むべきであるので原告の請求を正当として認容すべきである。」

【31】は，既存建物について設定された抵当権は，構造上利用上独立性があり，土地所有者の承諾もある増築建物には及ばないとしたものである。もっとも，増築者，承諾の有無，増築部分の帰属につき推認により認定されてはいるが，今ひとつ明確ではないし，抵当権設定時に増築は終了していたが増築部分についての保存登記はなされていなかった点などを考慮すると，抵当権者側の信頼の要保護性についてもう少し検討が必要ではなかったかという意味で，判決理由に物足りなさが残る。

【32】　最判昭 37・4・26 裁判集民 60-429（建物所有権存在確認請求事件）[39]

事実　建物所有者による増築部分の帰属につき抵当権実行による競落人との間での争い。原審が独立の物として附合を認めなかったのに対し，被告側から上告。

判旨　破棄差戻。

「原判決がその挙示する証拠によつて認定した事実によれば，被上告人は昭和 27 年 9 月頃芦沢某から，判示建物㈡と接続していた下屋を買取つたが，右下屋は低く且つ雨漏りなどして住居として使用に耐えなかつたので，同年 11 月被上告人は右下屋を取りこわし，その跡に建物㈡に接着して本件建物を建築したこと，然るに本件建物と建物㈡とは通して玄関が一つだけであり，本件建物の西側の一部は建物㈡と連なつていて，両者 1 個の外観を呈し，本件建物㈡と接着する部分において柱等も

---

39)　瀬川・研究 271 頁 [101]。

共通に使用されており，玄関に連なる中廊下の南側においては4.5畳と寸詰りの3畳がこれらの建物に跨つていて，その間には障壁がなく，また便所は建物㈡にはなく本件建物のみにあって，利用上も本件建物と建物㈡とは1個の物であると認められないこともないというのである。思うに右両建物は，原判決の指摘するように，本件建物には大部分新しい材料が使用されており，建物㈡の屋根は方形造であるに反し本件建物の屋根は切妻造りであり，仮に一方を取りこわしても他方に構造上影響なきものと認められるものであろうけれども，そもそも，民法370条本文に基づき抵当権の効力の限界を定めるに当つては，2個の建物が全体として1個の経済上の用途に奉仕するように構造されているか否かを基準とすべきものと解すべきであるから，本件の場合2個の建物が原判決のような状態にある以上は，本件建物は民法370条本文にいわゆる建物㈡に附加して一体となつている物と認めるを相当とする。そしてこの場合本件建物の坪数が建物㈡のそれよりも多少多いとか，材料が新しいとか或いは両者の屋根の形式が相違するとかいうが如きことは，右の結論に消長あるべきものと解すべきではない。然らば原審としては，更に何らかの事情を付け加えない限り右両建物を別個独立の物とは判断すべきでないにかかわらず，漫然としかく判断したのは，審理不尽，理由不備の欠缺を蔵するものと言う外なく，本件上告理由は結局理由あるに帰し，原判決は叙上の点において到底破棄を免れないものと認めざるを得ない。」

【32】は，建物所有者による増築部分の帰属が建物競落人との間で争いとなったものであるが，原審が附合を否定したのに対して，最高裁は370条の付加物の解釈問題として，2個の建物が全体として1個の経済上の用途に奉仕するように構造されているかという基準を挙げた。原審と異なり，付加物であることを示唆して破棄差戻したが，そこで，原建物よりも増築部分の坪数が多いことも結論に影響しないとしている点は動産の附合と対比して興味深い。

【33】 最判昭38・10・29民集17-9-1236（所有権確認請求事件)[40]

事実　建物賃貸借当事者間での賃借部分の所有権帰属の争い。賃借部分は賃借人Yが賃貸人Xの承諾を得て店舗に改造したもの。第一審，第二審は改造部分の附合による原建物への一体化により賃貸人・原告の所有権を肯定。賃借人は，原審が建物の構造上の点のみを考慮して附合を肯定したことを非難し，承諾による権原，建築確認，保存登記，根抵当設定登記の存在，店舗としての社会的経済的独立性を主張して上告。

判旨　破棄差戻。
「原判決は，原判示の本件店舗には一部原家屋の2階が重つており，2本の通し柱および梁が利用されていて，右2本の柱は右店舗部分の天井の一部を支えるとともに2階構造物を懸吊して互いに力学的に作用し合い，これらを取除くことは構造上不可能であつて，若し2階の部分を取除くとすれば，本件店舗部分はその形状を維持できない程度に元来の建物部分と一体不可分の関係にあることが認められ，本件店舗は上告人Yが権原によつて原家屋に附属させた独立の建物とは判定できない

---

[40] 宮田信夫・判解民79事件，平井宜雄・法協82-4-568，甲斐道太郎・民商50-6-83。

第5章　建物増改築の判例

ところであつて，原家屋の他の部分に附合しこれと一体になつたものであり，本件店舗の所有権は被上告人Xに属する旨示している。

　しかしながら，原判決がその挙示する証拠により確定した事実によれば，上告人Yが本件原家屋の階下南西側の約11坪1合の部分を賃借するにあたり，被上告人Xは，上告人Yが右賃借部分を改修して店舗にすることを承諾したこと，そこで上告人Yは直ちに工事に着手しようとしたところ，その腐朽は甚しく，単なる改修，増築の程度では上告人Yの意図する飲食店営業の店舗として使用することは到底不可能であることが判明したので，被上告人Xの承諾を得て，賃借部分を取りこわしその跡に上告人Yの負担で店舗を作ることとしてその工事を訴外Aに請負わせ，昭和27年5月26日付で東金市役所に原家屋の一部改築および増築の確認申請手続をして確認証を得た上，約180万円を投じ，賃借部分のうち2本の通し柱および天井の梁を除くほかの構造物はすべて撤去して原家屋より北西部および西部に約6坪を拡張し前記柱および梁を利用して建坪17坪3合の店舗を作り上げたことが明らかである。右事実関係によれば，本件店舗部分は，前記のとおりその一部に原家屋の2階が重なつており，既存の2本の通し柱および天井の梁を利用している事実があつてもなお，上告人Yが権原によつて原家屋には付属させた独立の建物であつて，他に特別の事情が存しないかぎり，上告人Yの区分所有権の対象たるべきものといわなければならない。しかるに，本件店舗部分は原家屋の他の部分に従として附合し，これと一体になつたものであると判断して，これにつき上告人Yの区分所有権を認めなかつた原判決は，所論のとおり，民法242条の解釈適用を誤り，ひいては理由そごの違法があるものというべく，原判決は，爾余の論点について判断するまでもなく，到底破棄を免れない。

　もつとも，原判決が当事者間に争いのない事実として確定したところによれば，上告人Yは本件店舗部分の新築工事に着手する約1ケ月前である昭和27年4月28日に被上告人Xからその所有にかかる本件原家屋の階下の前記部分を店舗兼住宅として使用する目的で期間5年，賃料1ケ月5,000円の約定で賃借したことが明らかであるところ，もし右新築工事に着手する以前に被上告人Xと上告人Yとの間で，上告人Yがその負担において右賃借部分を取りこわした跡に新築する店舗部分の区分所有権を当初から被上告人Xに帰属せしめ，上告人Yにおいてこれを前記約定に従い賃借する旨の特約があつたとすれば，本件店舗部分は被上告人Xの所有に属することになるわけであるが，前掲事実関係に徴すれば，右のような特約が当事者間でなされたと解する余地がないでもない。従つて，原審をして右特約の有無についてさらに審理をつくさせるため，本件を原審裁判所に差戻すのを相当とする。」

　【33】は，賃借人による，承諾を得た上での増築部分の帰属が争いとなったものである。事案は【28】と似ているが，取りこわしも賃借人が自己費用で行い，改築に際して床面積が増やされている点が異なる。最高裁は，原審と異なり，権原と独立性を挙げ，区分所有を一応肯定しているが，Xに帰属させYが賃借する特約存在の余地を認め，差戻した。平井・本件判批は，賃借人が建物所有のために必要となるはずの土地の利用権限の問題が解決されておらず，特約の有無の審理のための差戻しをそのための「助け船」ではないかと推測する。さらに，一般論として，賃借人に増築部分の所有を認めることに消極であり，

価値償還にゆだねるべきとし，建物と土地を別個の不動産とする法制から派生する問題の一つと位置づける。

【34】 最判昭39・1・30民集18-1-196（建物所有権移転登記等請求事件）[41]

[事実] AはY₁に対する債権担保のためY₁所有の建物を目的として約定された代物弁済の予約を締結した。Aはその職員の給与支払に窮し，これにあてるために，同会社の従業員で組織するX労組に右債権と代物弁済予約による所有権移転請求権を譲渡した。Xは予約完結権を行使し，Y₁に対し右建物に対する所有権移転請求権保全の仮登記にもとづく本登記手続を，Y₁・Y₂（Y₁が代表者である会社）に対して，右建物明渡と不法占拠による損害金の支払を請求。原審が，隣接建物を取り壊して新たに築造した建物を従前の建物と一体を成すものとして予約の効力が及ぶとしたので，Yら上告。

[判旨] 破棄差戻。

「よって，(一)まず，従前の建物と新たな築造部分の接合状態に関し，原審が従前の建物と築造部分とが柱を共通にしているとした認定の当否につき検討するに，原判決挙示の証拠中右認定に関連するものは第一審の検証の結果のみであると認められるところ，右検証調書には「区分する境壁は概ね両部分共通の柱によつて構成されており，右両部分を区別すべきそれぞれの外壁に相当するものは認められなかつた」とあり，一応前示認定に照応する資料となしうるようにみえるが，右調書の記載の後には，「2階部分の境壁には1階部分に於ける如く」両部分を「連絡する通行口が設けられていない為，境壁の柱の相互関係を検することができなかつた」旨明記されているから，先の記載は，従前の建物と築造部分の1階を連絡する通行口において，当該箇所付近の柱の共通関係を検分した結果を現わしているにすぎないものであることが窺われるのである。されば，原審が，右検証の結果によつて，従前の建物と築造部分とが相隣接する箇所の全部に亘つて柱を共通にしていると認定したことは，証拠の意義，内容を不当に拡張して，これを事実認定の資料に供した違法があるといわなければならず，しかも，従前の建物と築造部分の接合状態に関するその余の原審認定事実（前掲参照）のみをもつてしては，いまだ，従前の建物と新たな築造部分との一体性を肯認することはできないから，前示違法は判決に影響を及ぼすこと明らかであるといわなければならない。のみならず(二)一般に，建物に加えられた築造が従前の建物と一体となつて全体として1個の建物を構成するか，あるいは，築造部分が従前の建物とは別個独立の建物となるかは，単に建物の物理的構造のみからこれを決すべきではなく，取引または利用の対象として観察した建物の状況もまた勘案しなければならない。本件において，上告人Aと訴外会社間の根抵当権設定契約および代物弁済予約の目的物として約定された前示従前の建物に加えられた築造部分についても，その従前の建物との一体性の有無を判断するには，建物の物理的構造の点のみならず，従前の建物と右築造部分のそれぞれの種類・構造・面積，造作，周辺の建物との接着の程度，四辺の状況等の客観的事情ならびに現在建物が1個の建物として登録・登記されるにいたつた所有者側の事情を総合し，もつて，

---

41) 蕪山厳・判解民8事件，槇悌次・民商51-5-814，星野英一・法協86-1-162。差戻審は，東京高判昭41・1・30東高民報17-3-19。

右築造部分が従前の建物から独立して取引または利用されうるか否かの点をも勘案すべきものである。しかるに，原審が，前掲のごとく，もつぱら従前の建物と築造部分との接合状態如何の認定に終始し，取引または利用上の観点から叙上の諸事情を審究判示することなく，直ちに，両部分の一体性を肯認し，代物弁済予約の効力が築造部分についても当然に及ぶものと判断したことは，建物の個数ないし同一性の判定に関する法則を誤り，審理不尽，理由不備の違法に陥つたものと考えざるをえない。」

【34】は代物弁済予約の効力が設定後の増築部分に及ぶかが争われた事案である。Xが予約締結後の権利譲受人であるため，増築部分の一体性判断につき，当事者間と第三者間で異なってよいかという問題を提供する。

【35】 仙台高判昭39・11・30 高民集17-7-572（家屋明渡請求事件）[42]

[事実] Xは，もとA所有の建物を競落し，建物の一部の賃借人Yに対して，賃貸借解除の上，明渡を請求した。Yは，一部は，もともとAの父Bが増築し，Bの所有のものであり，競落の対象ではないとして争った。第一審は，本件店舗部分は，住宅部分とはベニヤ板で仕切られており，家屋台帳上の登録も保存登記もなく，客観的独立性を有せず，主たる建物に付合し，Aの所有となったとして，BのYへの賃貸はAの追認により，AY間での賃貸借として効力が生じたとした。その上で，賃料不払いによる解除の効力を認め，明渡請求を認容した。第二審は，独立の建物と同一の経済上の効力を有するとして，Bの所有となったことを認定し，Aの所有を認めた原判決を取り消した。X上告。

[判旨] 破棄差戻。
「既存の建物に増築が行われた場合に，右増築部分が既存の部分から独立した別個の建物となつているか否かは必ずしも物理的構造のみにより判定すべきではなく，むしろ主として社会通念に従つて判定すべきことは勿論であるけれども，この判定はその建物の既存部分と増築部分との全体としての基本的構成，その接着状況等から客観的に観察してそれが取引又は利用の目的物として社会観念上一般に独立した建物としての効用を有するものと認めることができるか否かという点を標準として行うべく，もしこの標準に適していなければこれを別個独立の建物として扱うことは許されず，この場合には仮令増築部分の建設者が何人であつても，又増築が既存部分の所有者の意思に基づいて行われたと否とに拘らず，当該増築部分は既存建物の一部を構成するものとして既存建物の所有権に包含されるものと解すべく（但し，増築部分を以つて区分所有権の客体たらしめた場合には，その部分が構造上既存部分と区分されており且つその部分丈で独立して建物としての用途を全うすることができる状態にある限り，増築部分は既存部分と別個の所有権の客体となりこれを他に譲渡することもできるのであるが，この権利関係の変動は建物区分の登記を経ない限り第三者に対抗することができない。)，既存建物及び増築部分を利用する者の主観的な使用状況等は右判定の標準とすべからざるものである。蓋し建物は物権の客体として取引の目的に供せられるものであるから，若しこれを右のような主観的な標準によつて判定することとなれば建物の取引の安全は到底保たれ

---

[42] 田中整爾・民商53-2-289，風間鶴寿・法時37-6-81。

第5章　建物増改築の判例

ないこととなるからである。然るに原判決はその理由に於て，上告人が本訴で被上告人に対し明渡を求めている店舗の部分が既存建物に継ぎ足して増築されたものであり，既存建物に接続し，その接続部分において一部既存建物の柱を利用してこれに継ぎ足して建てられ，その2階の外壁が既存建物の屋根に接着している等の事実を認定しながら，既存建物と右増築部分とが互に壁，ベニヤ板を以て仕切られ内部の交通は全く不能となつていること，既存建物が瓦葺平家建和風の建物であるところ増築部分が木造トタン葺2階建であつて外面洋風に塗装してあるという外観上の相違があること，両者の電気，水道，ガスの設備が互に別個独立になつていること等の事実を認定し，このような状態から見て本件店舗（増築部分）は既存建物と相併合しなければ建物としての効用を全うし得ないわけではないとし，右建物が以上のような構造を有するに至つた昭和30年5月独立した建物所有権が成立したのであり，既存建物の競落人たる上告人は右競落によつては右増築部分（本件明渡請求部分）の所有権を取得し得なかつたとしているけれども，以上原審が説いているところからは前記のような既存建物と増築部分との全体的構成等の客観的な標準について判定を行つたものと見るべきものを見出し難く，結局原審は専ら増築部分及び既存部分の居住者の主観的な使用状況から見て右判断を行つたものと認める外なく，このような判断は建物の取引の安全を軽視しひいては建物の個数を定める標準を誤るに至つた不当のものとせざるを得ない。即ち原判決の認定した本件建物の前記構成から見たところでは，もし何等かの理由によつて既存部分を収去し去つた場合に前記の通り既存建物の一部の柱を利用してある等の関係上果して増築部分だけで独立して建物としての効用を果し得るか否か，乃至は一般世人が之を独立した建物として取引の目的物たらしめる可能

性があるか否かの点につき多大の疑問を抱かざるを得ず，現に甲第二号証（本件建物に対する前記競売事件における不動産鑑定人の評価書）の記載内容から見ても本件増築部分も既存部分と一体をなすものとして競売を申立てられ，その全体につき評価せられ，この評価額を基準として国の執行機関により競売に附せられているのであつて，この取引を通じ本件増築部分と既存部分とは終始合せて一個の建物を構成するものとして取扱われて来たものと認定し得る余地が多分に存するのである。然るに原審はこのような疑問とすべき点につき何等の考慮をも払うことなく，既存部分と増築部分との使用状況のみに基づいて前記を判断をしているものと解さざるを得ない。

以上説示したところにより原判決は建物の個数に関する法の解釈を誤つたか，又はその判定の基準に対する審理を尽さなかつた違法があるものという外はない。

尚，原判決の引用する第一審判決の事実摘示によれば，本訴は上告人において本件建物の競落により前所有者A（賃貸人）の被上告人に対する賃貸借関係を承継したところ，賃料不払の為右賃貸借契約を解除したとし，この解除による原状回復義務の履行として被上告人に対し本件建物（店舗部分）の明渡を求めており，原審は被上告人に対し右建物を賃貸したのは訴外Bであつて，Aでないと認定しているが，仮に右認定が正しいとしても，第一審以来の本件記録にあらわれたところを通覧するに，上告人はたとえAとの賃貸借関係が認定されなくても，その場合には本件建物の所有権に基づき被上告人に対し本訴明渡を請求している趣旨が十分窮知されるのであるから上告人は原審でもこの請求をしているものとして上記の判断をした次第である（原審としては釈明により右主張を明確にするのが相当と解される）。」

第5章　建物増改築の判例

【35】は，増築部分の帰属をめぐって，判断が三審の間で揺れた事案である。区分所有の対象となる場合には，取引の安全への考慮から，建物区分の登記を経ないかぎり，第三者に対抗できないと述べた点が注目される。一体のものとして評価され競売された点も考慮された。一見，附合ないしは区分所有の成否をめぐる判断の揺れのようにもみえるが，既存建物が息子所有で，増築者が父親という状態で賃貸され，既存建物競落において，それまであいまいにされてきた権利関係が顕在化したものである。

【36】　最判昭43・6・13民集22-6-1183（家屋明渡請求事件）[43]

事実　建物賃借人Yと建物譲受人Xの間の争い。第一審では建物朽廃を理由とする解約の申入れが認容され，第二審では主屋部分と増築部分の全体について賃貸借契約が成立したとした上で，二つの増築部分のうち一方（甲部分）につき附合が成立せず混同によりその効力は及ばずとされ，解約による明渡は主屋と附合した増築部分（乙部分）についてのみ認められた。原告・建物譲受人は独立性の判断において経済的効用や権原の有無を考慮しなかった点を指摘して上告。

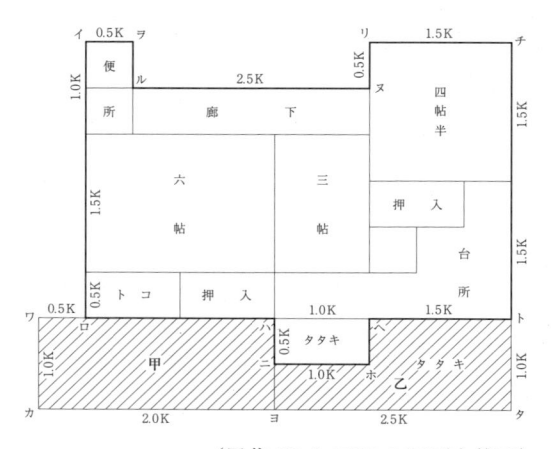

（民集22-6-1197の図面を修正）

判旨　破棄差戻。

「所論は，帰するところ本件新築にかかる建物のうち原判決添付図面ワ，カ，ヨ，ニ，ハ，ロ，ワの各点を順次結ぶ直線で囲まれた部分2坪5合（以下「甲部分」という。）が，従前の建物たる主屋（以下「主屋部分」という。）に附合しないとした原審の判断が，附合に関する法規の解釈，適用を誤るものである旨主張するものであるところ，原判決は，甲部分は，その基礎が主屋部分の基礎から離して設けられており，その柱は主屋部分の柱と接合されておらず，その屋根も防水の関係で主屋部分の屋根の下に差し込んであるが構造的には両者は分離しているものであり，これに反し，新築建物のうち原判決添付図面ニ，ヨ，タ，ト，ヘ，ホ，ニの各点を順次結ぶ直線で囲まれた部分2坪（以下「乙部分」という。）は，主屋部分の北方一間の線に柱を建て，この柱と主屋部分北側の柱とをたる木でつなぎ，そのたる木は，主屋部分の柱に欠き込みをして接合せしめ，床は全部たたきとして，玄関，浴室，物置に使用され，甲部分と乙部分とは，柱および屋根が構造的に接合して

---

43)　宇野栄一郎・判解民49事件，石田穣・法協86-7-102，川井健・民商60-2-221。

48　不動産附合の判例総合解説

いない事実を認定し，右乙部分は主屋部分に附合するが，甲部分は主屋部分に附合せず，ために，主屋部分の前所有者Aは，甲部分の所有権を取得せず，Aから主屋部分を買い受けた上告人Xも甲部分の所有権を取得せず，甲部分は，被上告人Yの所有に属する旨判示し，これに対する賃貸借契約の効力を否定している。

しかし，右新たに築造された甲部分が主屋部分および従前の建物に附合する乙部分に原判示の部分において構造的に接合されていないからといつて，ただちに甲部分が主屋部分に附合していないとすることはできない。原判示によれば，甲部分と主屋部分とは屋根の部分において接着している部分もあるというのであるから，さらに甲部分と主屋部分および乙部分との接着の程度ならびに甲部分の構造，利用方法を考察し，甲部分が，従前の建物たる主屋部分に接して築造され，構造上建物としての独立性を欠き，従前の建物と一体となつて利用され，取引されるべき状態にあるならば，当該部分は従前の建物たる主屋部分に附合したものと解すべきものである。

従つて，原審としては，これらの諸点について審理，判断し甲部分の主屋部分に対する附合の有無を決すべきであるにかかわらずこれをなさず，甲部分が主屋部分および乙部分と原判示の部分において構造的に接合していない事実より，ただちに甲部分は主屋部分に附合していないものとし，右部分についてのAの所有権取得を否定し，上告人Xの被上告人Yに対する請求中，甲部分に対する請求を棄却したのは，附合に関する法規の解釈を誤り，審理不尽，理由不備の違法あるものというべきであり，この点に関する論旨は理由がある。」

【36】は，建物譲渡人が所有していた当時Yによって建築された二つの増築部分の帰属が建物譲受人と増築者である賃借人の間で争われたものである（地主は別人）。原審は，一方（甲部分）につき附合を否定したが，最高裁は，構造的に接合されていないことから直ちに附合を否定することはできないとして，構造上の独立性，利用・取引上の一体性を基準とすべきとした。川井本件判批は，建物増改築における増築部分の帰属を判断するには，第一に，客観的要因として，主屋と附属部分との結合関係如何，第二に，主観的要因として，賃貸人・賃借人間の合意如何，第三に，当事者的要因として，紛争が賃貸人・賃借人という当事者間で争われているか，それとも対第三者関係で争われているか，という三つの観点を列挙し，これらをからみあわせた上での考察が必要と説く。事案との関係では，本件で，YがAの承諾を得ていたか否かが明確ではないこと（石田判批もこの点を指摘），原審が増築部分を含めた全体がXY間の賃貸借契約の対象となったと認定しつつ，その上で甲部分は付合せずYの所有にとどまるとした点に，第二の観点から疑問を呈する。石田判批は，付合当事者間の権利関係は，当事者間の合意にゆだねてよいが，この合意が判明しない場合には，外観上一個の建物といえるかというメルクマールで規律し，第三者に対する関係では，外観上一個の建物といえるかというメルクマールで規律すべきと述べる。

第5章　建物増改築の判例

【37】　最判昭44・7・25民集23-8-1627（建物収去土地明渡請求事件）[44]

[事実]　原告Xは土地賃貸人・土地所有者，被告$Y_{1\sim6}$は亡Aの相続人であり，土地賃借人，建物所有者。Y_7は$Y_{1\sim6}$からの建物一部賃借人。亡AはXの土地賃借人であった。亡Aからの建物賃借人亡BがAの承諾の下2階部分を増築し，Bの相続人$C_{1\sim4}$　4人の保存登記あり。Xは増築建物の独立性を理由に，$Y_{1\sim6}$に対し，土地賃借権の無断譲渡転貸を理由に解除，$Y_{1\sim7}$に対して，収去明渡，退去明渡を求めた。第一審が明渡を認容したのに対し，第二審はYらが主張する増築部分の附合を認め，譲渡転貸の事実を否定した。Xは，増築建物は独立して土地を占有しており，借地権の一部譲渡に当たると主張して上告。

[判旨]　棄却。
「本件第三建物は，第二建物の一部の賃借人Bが昭和33年以前に自己の費用で第二建物の屋上に構築したもので，その構造は，4畳半の部屋と押入各1箇からなり，外部への出入りは，第二建物内の6畳間の中にある梯子段を使用するほか方法がないものであることは，原審が適法に確定した事実である。そうとすれば，第三建物は，既存の第二建物の上に増築された2階部分であり，その構造の一部を成すもので，それ自体では取引上の独立性を有せず，建物の区分所有権の対象たる部分にはあたらないといわなければならず，たとえBが第三建物を構築するについて右第二建物の一部の賃貸人Aの承諾を受けたとしても，民法242条但書の適用はないものと解するのが相当であり，その所有権は構築当初から第二建物の所有者Aに属したものといわなければならない。そして，第三建物についてBの相続人らである$C_{1\sim4}$名義の所有権保存登記がされていても，このことは右判断を左右するものではない。したがつて，第三建物がBによつて構築されたことをもつて，他に特段の事情の存しないかぎり，その敷地にあたる部分の賃借権が同人に譲渡または転貸されたことを認めることができないものといわなければならず，右譲渡転貸の事実を認めることができないとした原判決の判断は相当である。」

【37】は，2階部分の建物賃借人による増築につき，土地所有者と土地利用者との間で附合の成否が問題となった。最高裁は，原審と同様に，構造上，取引上の一体性を理由に区分所有権の成立を否定した。

鈴木調査官解説によると，本判決は，附合の基準につき取引上の独立性の喪失の有無で決める機能説に立ち，附合と区分所有の関係について二者択一の関係であることを明らかにしたものとする。これに対して，水本・丸山判批は，賃借人を勝たせた結論は妥当だが，判例が採る附合成立の構成以外に，区分所有が成立し，借家人は，借地権の準共有持分を有するか，借地権の転借人となるが民法612条による解除は信頼関係破壊なしとして認められないとする構成や，区分所有権の土台と

---

[44]　鈴木重信・判解41事件（曹時22-1-141），同・金法563-22，佐藤律代・法協88-5・6-648，水本浩＝丸山英気・民商62-6-1022，新田敏・民法判例百選I［第5版新法対応補正版］75事件，同・森泉還暦304頁，神田英明・判例講義民法I［補訂版］93事件，瀬川信久・民法判例百選I［第6版］73事件。なお，242条但書と区分所有法1条との関係について，瀬川・研究29頁，339頁。

50　不動産附合の判例総合解説

なる権利は空中権であり，家主の有する借地権と無関係であり民法612条は適用がないとする構成もあると指摘する。判例の立場は，区分所有を認めた場合の敷地に関する複雑な権利関係を回避できるが，建物賃借人に所有させることが妥当な場合もありうるとし，むしろそれが原則ではないかと批判する。佐藤判批は，区分所有を認めて理論構成を一層複雑にする方向を取らなかった点を適切と評価し，他方で，本件を借地上の建物の一部賃借人が無断増築した場合に，地主からの解除が認められなかった事例として評価されるべきとする。

なお，区分所有については，昭58年改正によって，専有部分と敷地利用権の（原則としての）一体性処理の原則が導入されている。これによって，本件のような場合に区分所有を敷地利用権の配慮なしに認める可能性はより狭まったと見ることができ，望ましい変化といえる。

【38】名古屋地判昭46・4・27判タ264-227（原状回復等請求事件）

事実　XはYに建物を賃貸していたところ，建物の一部が道路拡張工事で切除されることとなった。当事者間で切除はXがなし，残余部分の修繕，内部改装はYがなすという合意が成立したが，Yがこの合意に反して残余部分の南側壁のみを残して取りこわし，鉄骨造の建物を建築した。Xは，Yに対して，特約違反にもとづく賃貸借契約解除，建物収去，土地明渡を請求。

判旨　認容。

「本件土地には従前原告X所有の第一(イ)の建物が建っていたのであるが昭和46年3月30日の本件口頭弁論終結時においては第二建物が建っていることになるわけである。

そこで右の両建物を比較してみると〈証拠〉によると第一(イ)の建物は木造瓦葺2階建の店舗であり，2階の部分に吹抜があつた建物であつたが，第二建物は2階部分には右の吹抜部分はなく，鉄骨造亜鉛メッキ鋼板瓦棒葺2階建店舗であること，前掲鑑定の結果及び乙第七，八号証によると第一(ロ)の建物の面積は第一(イ)の建物の前面を切除した場合1，2階とも39.66平方メートルになるべきところ，第二建物の面積は1，2階とも37.71平方メートルであることが認められるのである。

(三) そうすると第二建物は第一(ロ)の建物の南側壁を利用しているというもののその構造，面積，耐用年数の点において全く異る建物であるという他はない。したがつて第二建物は第一(ロ)の建物に従として附合した物ということはできないから，原告Xは第二建物について所有権を取得するべきいわれはなく（民法242条参照），第二建物はこれを建築した被告らの所有に属するものといわなければならない」

【39】東京高判昭52・5・31判時861-70（建物収去土地明渡請求控訴事件）

事実　土地所有者Xから土地を賃借したY₁は，同人所有の借地上の建物をY₂に賃貸した。Y₂が，それに接続して工作物を建築した。Xから，Y₁・₂に対して，無断転貸による解除，建物収去，土地明渡を請求。

判旨　原判決取消。

不動産附合の判例総合解説

第5章　建物増改築の判例

「以上の各事実に《証拠略》を総合すると，被控訴人Y₂は目録㈢⑴⑵の建物を建築するに際し，従来から存した下屋の一部（前示奥の約7坪の部分）に2階を継ぎ足し，便所等を補足し，内部を改築したというに止るものではなくて，下屋の当該部分とは別個に，外見は粗末に見えるものの構造的には木造2階建住居用建築として或程度恒久的な耐久性と安全性のある建物を建築し，その際従来の下屋の当該部分の構造を形づくっていたもので障害になるものはこれを除去し，障害にならないものはこれを名目的に残しておいて，その残存部分は右2階建建築の一部を兼ねると共にこれをもって右2階建建築の補強温存に役立たせたもので，その結果右2階建住居が建ちあがったところにおいては，旧下屋の当該部分はむしろ名目的にその痕跡をとどめるのみで既にその実体はなく，仮令その痕跡として残存する部分が，例えば下屋の屋根に相当していた部分が階下の間の天井を形成するというように新たな2階建建築に極く僅か利用される面があるとしても，それは2階建建物の構造の主体にかかわりのない末梢部分にすぎず，本質的な意義のないものとなっているものであるといわなければならない。また，このようにして建築された目録㈢⑴⑵の建物は，下屋の残余の表側に近い約3分の2部分（目録㈡の建物）とも構造上区分されていて，独立して住居の用に供し得るものであると認められるから，結局同建物は下屋と附合したものとは認め難く，前判示事情のもとにおいては，同建物はこれを建築した被控訴人Y₂の所有に帰したものと判断するのが相当である。

（仮に，目録㈢⑴⑵建物と下屋の両者が部分的にせよ物理的に密着接合し，一応附合しているとしても，前判示事情のもとにおいては，民法242条但書，建物の区分所有に関する法律第1条により，目録㈢⑴⑵の建物は被控訴人Y₂の所有権に帰属すべきものである。最高裁判所昭和38年10月29日判決民事判例集17巻9号1236頁参照）

四　かくして，被控訴人Y₁は，被控訴人Y₂に対し本件土地を建物所有の目的で転貸し使用させたものであり，これに対し被控訴人らは仮定的に右転貸につき控訴人の黙示の承諾があったと主張するが，《証拠略》に徴しても，かかる事実を認めることはできない。

したがって，右転貸を理由とする前示控訴人のなした契約解除の意思表示は有効であるといわなければならない。」

【40】　東京地判昭54・1・30 下民集31-5〜8-689（建物明渡請求事件）

事実　建物と敷地を所有者Aから買い受けた者Xが2，3階の占有者Y₁〜₃に対して明渡請求。Y₃からXに対して2，3階部分の所有権確認の反訴請求。

判旨　本訴棄却。反訴一部認容，一部却下。
「2　被告らは，本件建物のうち2階および3階部分は物件目録㈠の⑶の建物として区分所有権の対象となり，かつその所有者は被告会社であると主張するので検討する。

㈠《証拠略》によると，本件建物は3階建であるが，各階とも居室の外厨房，浴室，便所，洗面所を備えており，1階から3階まで通じる内部階段があるものの，これとは別個に2階へは独立の外部階段があって，2階部分に直接出入できる入口が設けられていること，2階から1階へ通じる内部階段の2階部分にドアが取り付けられて両部分を遮断できるようになっていること，3階部分への出入は2階部分より通じる内部階段を利用する外なく，外部から直接出入する方法はないこと，2階部分は，被告Y₁が昭和41年10月被告会社Y₃を設立するにつき，その事務所として，かつ被告Y₁の家族の居室として使用するため，旧建物（2

階建）の所有者である父Aの承諾を得て，同年中その2階（2室とバルコニー）の1室に増改築を加え，かつ外階段を設置し，ついで昭和46年中他の1室とバルコニーをとりこわした上増築工事をして総2階造とし，同時に結婚予定の妹の訴外Bの新居とするため3階部分を建築したものであること，右工事は被告会社設立前は被告Y₁が，被告会社設立後は被告会社が資材業者から資材を購入し，工事業者に工事を発注し，自ら工事を監督，監理し，その代金を支払って完成させたものであることが認められ，この認定を覆えすに足りる証拠はない。

そして，右認定の事実によると，本件1棟の建物のうちの2階および3階部分は1階部分に対して構造上区分され，独立して住居又は事務所としての用途に供することができ，区分所有権の対象となり得るものであり，かつ，これは被告会社によって原始取得されたものというべきである。

(二)《証拠略》によると，2階部分には，A所有の旧建物の一部が利用されていることが認められるが，これとても昭和41年および昭和46年の2回にわたり三方の壁面がとり払われるなどして大幅に改造された上，新建物にとりこまれてこれと一体となったのであって，旧建物の一部としては本来の用途を失ない，滅失したものと解するのが相当であって，前記事実があるからといって，2階部分の独立性およびその所有権の帰属に消長を来すものではないというべきである。

(三) 原告は，本件1棟の建物は無届かつ木造3階建建築物として建築基準法に違反するから，2階および3階部分は早晩とりこわされるべきものであって登記はできず，区分所有の対象となりえないと主張するが，右部分が違法建築物として，将来行政庁により除却を命じられもしくはその代執行を受けることがあるのはともかく，これによって物理的に滅失するまでは私権の対象となり，法的保護を受けることを妨げるものではない。

以上の外前記(一)の認定を覆えすに足りる証拠はない。

3 そうすると，本件1棟の建物のうち，2階および3階部分がいずれも原告の所有であることを前提とし，所有権にもとづき被告らに対しその占有部分の明渡を求める原告の本訴請求はその余の点について判断するまでもなく失当であること明らかである。」

【40】は家主の承諾にもとづく借家人による増築が譲受人との関係において独立性を認められた例外的事例である。旧所有者と借家人が親子という事情が作用していると見うるが，判決理由には反映されていない。詳しくは，瀬川・研究282頁以下の分析を参照されたい。

【41】 静岡地浜松支判平10・12・22判タ1029-215（建物所有権及び土地賃借権確認請求事件）[45]

事案　XはY所有の旧建物（工場）を承諾を得た上で改築して新建物（店舗）とし，利用していたが，所有権の帰属について争いとなった。Xは，Yに対して建物所有権と土地賃借権の確認を求めて提訴。Xは，建物請負の事案において加工法理を用い，建前を完成させた請負人に建物の帰属を承認した最判昭54・1・25（【56】）を援用し，Yは，建物改築の事案において付合法理（242条）を適

---

[45]　菅野佳夫・判タ1044-60，田高寛貴・法セミ613-98。

用して改築者に改築部分の所有権帰属を否定した最判昭34・2・5（【28】）を援用した。

[判旨] 認容。

判決は、経緯や当事者の行動からは、建物の帰属につきどちらとも断定できないとした上で、従前建物が独立の不動産として維持されていたかが決め手であるとして、以下のように述べる。

「民法第82条第1項にいう土地の定着物とは、土地に固定的に付着して容易に移動しえない物で、取引上継続的にその土地に付着せしめた状態で使用されると認められる物をいい、これには三つの類型があるとされている。すなわち、(イ) 土地とは独立の不動産と看られる物である建物、(ロ) 石垣、テレビ放送用等の鉄塔、溝渠、沓脱石などのように付着された土地とは別個独立の物とはされていないもの、(ハ) 樹木のように原則的には右(ロ)の場合と同様に取り扱われるが、取引上の慣行にしたがい土地に付着したままで土地とは別に独立した権利として扱うこともできる物、というのである。

本件では、本項一4のとおり従前建物の原形のままに改装して貰いたいとの被告側の意向があったにせよ、本項三1(一)(1)のとおり本件建物は従前建物の柱を2本ばかりを残したものにすぎないことが証人Bの証言、および原告会社代表者A本人尋問の結果によって認められるのであって、本項一4(一)のとおりC建設が途中原告会社の希望を入れてその出費のもとに外壁を取り払って屋根をも葺き替え、土間の上にコンクリートを張り足して本件建物が仕上げられたことは、被告側の意向を無視した原告会社の態度とはいえ、右2本ばかりの柱を残すのみとなった従前建物は建物としての、つまり独立の不動産としての存在を失い、その敷地たる土地の定着物（右(ロ)の類型）となったにすぎないというべきである。

前記1(二)の事例においては、旧建物はアパート2階を支える柱10数本、基礎工事、ひさしや壁の一部のみが残存するのみとなったにせよ、右(二)の事例では未だ取引上1個の建物と看做されているのであって、本件の場合はそれ以上に取り壊されているものといわざるを得ない。けだし、前記1(二)の事例においては、旧建物は右残された10数本の柱がアパート全体を支えるとともに、区分所有権の一画を割す効用を果たしていると看られるのに反し、本件の場合は残された柱2本は何らの効用も果たし得なくなったといえるのである。

そうすると、本項二1のとおり金1,300万円強の費用を殆ど原告会社において負担し、これを独立の不動産である本件建物に仕上げた場合については、加工に関する民法第246条第2項を適用してその所有権は原告会社に帰属するものといわざるを得ない。」

また、利用権については、

「第二、つぎに、本件土地についての賃貸借契約の存在について判断する。

一 原告会社は、本件土地について地代月額金5万円とする建物所有を目的とする賃貸借契約が成立したと主張するところ、本件建物の建立当時である昭和58年以来月額金5万円とする契約が成立していること自体は、当事者間に争いがないと看られるところ、右第1項の事情のもとにおいては原告会社と被告との間に建物所有を目的とする地代月額金5万円とする賃貸借契約が成立していたと看ざるを得ない。

前項三2(一)(2)のとおり認識の齟齬があるにせよ、被告側において、右契約について要素の錯誤があるという主張はない。

また、前掲甲第6号証の一ないし一〇を検討しても、本件土地の本件建物の敷地以外の部分については原告会社がこれを駐車場として使用していることが認められ、証人Dも月額金5万円右駐車

場としての使用料を含むとしてこれを容認していた旨の供述をしているのである。

その他，証人D，同Bの各証言部分は，証人Eの証言，ならびに原告会社本人尋問の結果に照らしてにわかに措信し難い。

二　よって，本件建物土地につき建物所有を目的とする賃貸借契約が存在する旨の確認を求める原告会社の請求は理由がある。」

【41】は，改築ならびに賃貸借契約の趣旨解釈が問題となったものであるが，経緯や当事者の言動からは判断できないとした上で，建物改築に付合法理（242条）を適用して改築者に改築部分の所有権帰属を否定した最判昭34・2・5（【28】）の事案と比較しつつ，増築前の状態を土地の定着物とし，加工の法理により不動産化による加工者の建物所有権取得という論理をたどっている。解決基準が当事者の契約関係の解釈から最大限演繹されるべきとする立場からは，契約関係の分析を中途で放棄し，安易に，付合法理，加工法理という，当事者の合意や経緯を反映しにくい法理に解決基準を委ね，不要な論理を重ねているという批判が可能であろう。

本類型に属する多くの判決は，附合の成立を肯定するものであるが，例外的に附合を否定あるいは区分所有を肯定した判決は，それぞれに特殊性がある。すなわち，敷地利用権の問題を，考慮する必要がない紛争であったり，あるいは当事者の主張のまずさ等から考慮しえない場合である（【33】【34】【38】【39】【40】【41】）。附合を否定した場合，増築者に増築部分の所有権が帰属することになるが，その部分の敷地の利用権原が何らかの方法で確保されないかぎり，結局収去請求にさらされることになるからである。同様に，既存建物の梁・柱を利用しながら改築した場合に賃借人の区分所有を認めると，原状回復等で困難な問題が生じうるとの指摘[46]がある。

なお，近時マンションの配水管の水漏れによる損害の負担者決定のために，配水管の（主管から伸びている）枝管の帰属が問題となることがある。これは附合の問題ではなく，事後的な帰属決定ではあるが，階下からは天井裏，階上からは床下にあたる部分を通る枝管が，その枝管への排水者である実質的利益享受者という基準ではなく，点検・修理などの管理可能性という基準により，共用部分とした判決[47]がある。原告Xは階下の住人Y₁，Y₂から水漏れによる損害賠償請求をされていたので，Y₁，Y₂，管理組合Y₃に対して，本件枝管が共用部分であることの確認等を請

---

[46] 磯村・鎌田・河上『民法トライアル教室』110頁以下（鎌田薫執筆部分）が，付け足し型と組み込み型の区別を提唱する。

[47] 最判平12・3・21（建物共用部分確認等請求事件，棄却）判時1715-20，原審・東京高判平9・5・15判時1616-70，一審・東京地判平8・11・26判タ954-151。判批として，鎌野邦樹・リマークス23-30，河内宏・判評505（判時1734）-165，玉越義雄・判タ1065-56。文献として，鎌野邦樹・千葉大学法学論集13-4-1以下。

第 5 章　建物増改築の判例

求した。区分所有権がからむ場合の帰属決定　　の複雑さを示唆する。

第6章　合棟・合体の判例

【42】　名古屋高判昭44・12・25判時602-68（家屋明渡等請求控訴並びに附帯控訴事件）

[事実]　当初X₁とY₁は、1棟2戸建の家屋のそれぞれ西側1戸（以下本件建物）、東側1戸（以下隣接建物）を所有していた。X₁は昭和23年9月9日本件建物を明渡期限昭和36年9月9日と定めてY₁に無償貸与した。Y₁はその後、X₁に無断で両建物の間の仕切壁を一部取り払うなどの改造工事をした上で、1戸の住宅として利用し、昭和26年10月に1戸の住宅としてY₂に賃貸した。他方、X₁は昭和38年9月1日にX₂に本件建物を贈与し、移転登記を経由した。X₁からY₁Y₂に対して損害賠償請求、X₂からY₁Y₂に対して本件建物の明渡及び損害賠償を請求した。

[判旨]　一部変更。

「前記認定によれば、被控訴人Y₂が昭和26年10月頃被控訴人Y₁より本件建物及び隣接建物を賃借した時には、既に本件建物と隣接建物との境界をなしていた土壁の一部が除去されて本件建物の構造上の独立性が失われ、又本件建物及び隣接建物について内部の改造が行われて本件建物及び隣接建物が1戸の住宅として使用される状態を呈していて本件建物の利用上の独立性も失われていたものというべきである。従って、おそくとも被控訴人Y₂が本件建物及び隣接建物を被控訴人Y₁より賃借した時には、控訴人X₁の本件建物に対する区分所有権は消滅しており、本件建物及び隣接建物は1箇の不動産（以下15坪の家屋という）として所有権の客体となり、控訴人X₁及び被控訴人Y₁は民法の附合に関する規定の類推により右15坪の家屋を共有（各持分についてこれを定める証拠がないので各2分の1と推認する）するに至ったものというべきである」として、本件建物部分の明渡とそれに対応する賃料部分の損害賠償を認めた。

【42】は、抵当権とばしの事例ではなく、使用借主による無断改造の結果隣接する区分所有権が消滅し、1箇の不動産が成立したとし、旧区分所有者は持分に従い共有するとした。おそらく主従の区別ができない場合の動産の附合ルールの民法244条を類推しているのであろう。ただし、無断改造をした使用借主Y₁の責任も合わせて考慮されるべきではなかったかとの疑問が残る。

第6章　合棟・合体の判例

【43】 最判昭 50・5・27 訟月 21-7-1448（建物滅失登記申請事件等の受理処分取消請求上告事件）

事実　相隣接する甲建物と乙建物は訴外Aの所有であったが，Xのため根抵当権設定の登記をした後，両建物の所有権を訴外Bに移転した。Bは工事を加えて両建物の隔壁のうち巾1.8メートルの部分を除去して2階部分を通行可能とし，両建物は合体されたものとして，合体を登記原因とする滅失登記及び合体後の丙建物の表示登記ならびに所有権保存登記を申請。登記官Yは右申請を受理した。その後さらに丙建物につき訴外Cのための根抵当権設定登記を受理した。Xは，利害関係者の承諾書の添付を要求すべきであると主張し，各登記申請の受理処分の取消を求めて本訴を提起。一，二審は受理を適法としたため，Xが上告。

判旨　破棄差戻。

「相隣接する甲建物及び乙建物のそれぞれの2階部分の隔壁のうちわずか巾1.8メートルの部分を除去し，そこに建具をはめ込み，両建物の2階部分の高低差0.95メートルを木造の階段で補い，その部分を通行可能にしたというにすぎない。しかして，右の工事以外に何らの工事も加えられていないとすれば，既に所有権及び抵当権に関する登記がされて取引の対象となるに至つた甲建物及び乙建物は，一般取引の通念に照らし，いまだその独立性を失つたものとすることは，相当でないというべきである。……しかし，前記工事前には，乙建物の二，3階部分は，階下又は外部路面に出られるようになつていたことが容易に推認され，特段の事情の認められないかぎり，右工事後においても，乙建物の二，3階部分から，甲建物を通じることなく，階下又は外部路面に出ることが全く不可能になつたものとは考え難く，少なくとも，原審は，右の特段の事情につきこれを認定していないのである。そうすると，……前記工事のみで両建物が建物として独立性を失つたとした原審の判断は，建物の独立性に関する法解釈を誤り，……原判決は破棄を免れない。」

【43】 は，建物の独立性を認めた第二審の判断を破棄差戻したものであるが，その際合体前の両建物に抵当権登記があることをも考慮しており，抵当権者を救済しようとする意図が建物の独立性判断に混入しているきらいがある。

【44】 東京地判昭 60・9・25 判時 1172-48（建物滅失登記申請受理処分等取消請求事件）[48]

事実　訴外Aは所有する甲建物についてXに対して根抵当権を設定し，その旨の登記を経由した。その後，甲建物に隣接し乙建物を建築し，所有権保存登記を経由した。さらに，Aは両建物の壁面の一部を除去，両建物の間隙も外からモルタルで塗り固める等の工事をした上で，合棟を原因とする各建物の滅失登記，丙建物の表示の登記の申請がなされ受理された。Xは甲建物滅失登記処分，丙建物表示登記処分を取消を求めて本訴提起。

判旨　一部認容，一部却下。

「乙建物は，人が独立して（甲建物及びそこに設けられている設備に依存しないで）居住するのに必要な水道設備，トイレットを欠くうえ，居宅であれば通常設けられる台所もない単室の構造であ

---

[48]　村田博史・法時 58-10-115, 生熊長幸・判評 328-42（判時 1186），倉田卓次・金法 1122-23。

つて，しかも，甲建物と密着と言つてよいほどに近接し，電灯の配線も甲建物からの延長である。この乙建物の物的状態及び甲建物との位置関係からみれば，乙建物は，甲建物中の右諸設備に依存しないでは，人の居住の用に供することができないものであることは一目瞭然であり，この依存関係が断たれた状態では，社会的，経済的にみて，居宅としては殆ど取引価値を有しないであろうことは容易に理解できる客観的状態にあつたものと言える。右乙建物の甲建物に対する効用，機能上の依存関係と位置関係及び床面積の割合並びに取引価値を総合して考えると，本件乙建物は，甲建物の存在を前提としており，甲建物の附属建物としてのみ存在するものであるから，それ自体を主たる建物として独立に登記することはできないものであり，いわゆる附属建物として，甲建物の登記簿に記載されるべきものであつた（旧法93条ノ8）と言わなければならない。

もつとも，両建物の所有者であるAは，右1㈢のとおり乙建物の表示登記を申請しているから，附属建物としない意思を表明したものと言えるけれども，かかる意思のみでは右の客観的な依存，従属の関係に変動を来さないから，本件乙建物が独立の登記に親しまないことに変わりはない（即ち，この種の客観的関係は，いわば一種の物的状態に相当し，右客観的関係が消滅しないかぎり，所有者の意思の如何には左右されないものである。）。所有者の意思を問題とする被告の主張は本件事案については採用できない。

そして，右1㈣のとおり本件甲乙建物が一体化したときは，両者の前記依存，従属関係に鑑みて，本件乙建物が本件甲建物に附合し，乙建物の所有権は主たる不動産である甲建物の所有権に吸収されて消滅するものと解すべきである（民法242条本文）。被告は不動産相互の附合には民法の附合の規定を適用すべきでないと争うが，不動産相互間にも附合が起こりうる以上，右附合の規定を適用又は類推適用するのが合理的な解釈であり，被告の主張が類推適用をも否定する趣旨であれば失当である。

3　右に判断したとおり，本件甲建物は本件乙建物の附合（いわゆる合棟工事）によつては同一性を失わず，建物の構造及び床面積に若干の変動が生じたに過ぎないものと解すべきであるから，登記手続としては，かかる実体法上の権利関係（本件甲建物所有権の容体の拡張）を登記簿上に表示すれば足りるものである。したがつて，本件甲建物が滅失したとする本件滅失登記処分は違法なものであつて，その余の点につき判断するまでもなく，取消しを免れない。」

【44】は一方を附属建物と性質づけ，合体ではなく，主たる不動産への従たる不動産の附合が生じ，それにより既になされている合体の登記手続を違法としたものである。もつとも，附属建物と性質づけるのは建物所有者の意思が基準とされているため，批判されている。

【45】 東京地判昭61・2・24金法1156-47（区分建物抹消登記処分取消請求事件）

事案　XはAとの信用組合取引契約に基づきB所有の甲建物等に根抵当権設定登記を経ていた。Bはその後，甲建物に接着して乙建物を建築し，両建物を区分所有建物とする登記を経由した。Bはさらに両建物の隔壁を除去し，合体を原因とする区分所有建物の滅失登記，合体後の丙建物の表示登記を申請。Xが登記官Yに対して，甲建物についての区分建物抹消登記，丙建物の表示登記の取

第6章　合棟・合体の判例

消を求めて本訴を提起。

判旨　一部認容，一部却下。

「㈠　乙建物は，別紙図面記載のとおり，甲建物の西側部分に突き出していた3畳間の西側部分のほゞ全部と，北側部分全部に接着して，その回廊のような形で建てられていた。基礎は甲建物とは別個にコンクリートブロックをもつて作られ，屋根も亜鉛メッキ鋼板で葺かれていたが，外壁及び床には石こうボード様のものを貼つており，甲建物との間の障壁は，甲建物の外壁の上にベニヤ板を張つただけのものであつた。ガスや水道の設備はなく，電燈は引かれていたものの甲建物から電線を引いていて，独立の配電盤はなかつた。乙建物の回廊の様な形をした東西に延びる部分の幅は1メートル42センチ程度，南北に延びる部分の幅は81センチメートル程度で，総面積は約5.31平方メートルであつた。乙建物には土間を設けた独立の出入口はなく，西側に設けられていたサッシュの両開き引戸を利用して庭づたいに公道へ至ることはできたが，右サッシュ窓には外塀が迫つていて出入りに充分の間隔もなく，これを利用する出入りは必ずしも容易ではなかつた。

㈡　Bは右のような状態の乙建物を築造のうえ，土地家屋調査士C（補助者D）をして乙建物の測量図を作成させたうえ，昭和56年1月23日乙建物の用途を自己使用のための事務所として区分所有建物の表示登記申請をし，その旨の登記手続を経たうえ，甲建物，乙建物間の隔壁を除去して，右申請のわずか約7か月の後に区分建物合体による甲，乙各建物の滅失登記及び丙建物の表示登記の各手続の申請をしたものである。

……乙建物は，その構造において一応甲建物とは別個のものと観念できないではないが，その東側外壁はもつぱら甲建物の外壁に依存して，その上にベニヤ板を貼つただけのものであり，出入

も，サッシュ引戸を利用して外壁との狭い区間からしなければならず，その形状も回廊状のL字型をなし，独立の区分所有建物としてはいかにも奇妙かつ不完全なものであつて，床面積からしても事務所としての使用に耐えるとは考えられないうえに，独立に電気も引かれず，もとよりガス，水道の設置もないものであつて，仮設建物としての域をそれ程出るものとはいえず，区分所有の事務所として取引の対象としうるものとは到底いえないものというべきであつて，これをもつて区分所有建物成立の要件としての構造上及び利用上の独立性のあるものということはできないといわなければならない。

そうすると，不登法上乙建物は甲建物の附属建物として以上の評価を受けることはないものというべきであるから，甲建物と乙建物との間の隔壁を除去しこれを一体とした場合には，乙建物は甲建物に附合し，その一部となつて，甲建物の床面積が増加することとなるに過ぎなかつたものというべきである。

3　そうであるとすれば，乙建物につき区分所有建物としての表示登記をし，甲，乙各建物の合体があつたものとして，甲建物につき本件抹消登記をした手続は違法であるというべきであるから，甲建物についてした本件抹消登記はこれを取り消すべきである。」

【45】は【44】と同様に，一方の不動産を附属建物と位置づけ，既になされた登記手続を違法としたものである。

【46】 鹿児島地判昭61・12・23 判時 1223-44（建物滅失登記処分等取消請求事件）[49]

事実 XはA所有の甲・乙両建物について仮差押命令をえて，その旨の登記手続を経由した。Aはその後登記官Yに対し甲・乙建物について右仮差押前の合棟（甲乙建物の接続工事ならびに甲建物に隣接する新築建物建築と接続工事）を原因とする建物表示抹消登記を申請するとともに，丙建物について合棟後の建物とし表示登記申請をした。登記官Yが受理したので，Aは各登記につき取消を求めて本訴を提起した。

判旨 一部却下，一部棄却。

「2 右事実によると，本件甲乙各建物は，もと13センチメートルの間隔を置いて建てられていた独立の2階建の建物であつたが（本件乙建物には，昭和48年頃，その1階部分に本件甲建物の2階床面とほぼ同じ高さの中2階が設置された。），昭和58年4月30日から同年6月30日にかけて，本件甲乙各建物の中間の13センチメートルの空間部分に接続工事を施し，接続面に障壁のない1階部分を一体化するとともに，接続面に障壁のある2階部分にはその障壁の一部の約0.85メートルを除去し，その部分の床面を接続させて扉を設置したうえ，本件甲建物の東北側の隣接地に本件新築建物を建築し，同建物と本件甲建物とを接続するため増築部分12.52平方メートルに及ぶ増築工事を行い，接続部分の障壁を全部除去したものであつて，右工事の結果，本件甲建物には，本件乙建物や本件新築建物を通る以外に出入口がなくなつたというのであり，これらの事実により認められる右工事の内容，規模及び右工事により出来上がつた本件丙建物の構造等を総合考慮すると，本件甲乙各建物は，いずれも本件丙建物の一部として丙建物に一体化されたものであつて，しかも，区分所有権の対象となり得る構造上及び利用上の独立性も有しないとみるべきであるから，いずれも権利の客体となり得る独立性を失い法律上滅失したものというべきである。

なるほど，本件甲乙各建物は，物理的には滅失したものではなく，本件丙建物の構成部分としていまだ存続しているものではあるけれども，前記のとおり，いずれも法律上滅失したものと評価せざるを得ないのであるから，かかる意味において本件丙建物との同一性を肯認しがたいのであつて，従前本件甲乙各建物を目的としていた権利ないし法律上の地位が本件丙建物の構成部分に存続しあるいは移行するとの見解は，現行法上その根拠を見出しがたいといわなければならない。

したがつて，前記合棟工事の完了により，従来本件甲乙各建物を目的としていた所有権その他の権利は全て消滅したと同時に，右各建物は，民事執行法上不動産執行の対象となり得る適格性も喪失したというべきであるから，かかる意味において本件仮差押もその対象を失い，その執行が不能に帰したものというべきである。」

【46】は，両建物合棟，両建物仮差押，合棟による登記申請という経過をたどった場合に，合棟工事の完了で両建物を目的としていた権利は消滅すると同時に，両建物の民事執行上の対象適格性も失われ，結局仮差押は執行不能となるとしたものである。

---

49) 第二審・福岡高宮崎支判平2・3・14 判タ 754-149，上告審・最判平6・2・22 裁判集民 171-759。

【47】 京都地判平1・7・12判時1339-124（建物滅失登記抹消登記手続等請求事件）

[事実] X₁（甲事件原告）X₂（乙事件原告）はそれぞれ本件建物に対する根抵当権を有し、登記を経由していた。建物所有者Y₁会社は、本件建物が構造上二つの建物ＡＢに区分されたとして建物区分登記を経由し、そのうちの一つのＢ建物をY₁の代表取締役Ａの妻Y₂に移転する登記を経由した。ところが、Y₁Y₂は、両建物が再び合体したとして、区分建物滅失登記を申請し、受理された。さらに、Y₁は新建物について表示の登記を申請した上で、Y₁を所有者とする所有権保存登記を経由した。Xらは、根抵当権の妨害排除としてY₁Y₂に対して滅失登記の抹消登記を、Y₁に対して新建物についての表示登記および所有権保存登記の抹消登記を請求。

[判旨] 認容。

「一 被告は、原告らの請求のうち、建物の表示登記、滅失登記の抹消登記の請求が建物の表示に関するものであることを理由として、原告らには訴えの利益がないと主張する。そこで検討するに、確かに、建物の表示及び滅失登記は、建物の客観的事情に従い登記官の職権で行なわれるものであり（不動産登記法25条の2）、当事者の合意によって行なわれることはない以上、通常、登記権利者、登記義務者の概念を入れる余地がない。しかし、実体の伴わない表示登記あるいは滅失登記が抵当権者の抵当権ないしその対抗力を害することを目的として不法に行なわれ、かつ、これが抵当権の妨害となっている場合には、抵当権者は、その抵当権の妨害排除請求権に基づき、その登記名義人に対し、右登記の抹消請求を求めることができると考える。けだし、右の不法な表示登記ないし滅失登記により一旦登記されていた抵当権登記の対抗力が失われるものではないからである。登記は物権変動の対抗力の発生要件であって、この対抗力は、適法な消滅事由の発生しない限り消滅するものではなく、一旦適法になされた抵当権設定登記の抵当権者は、その抵当権に基づき、不法になされた妨害となる滅失登記、表示登記、保存登記の抹消を請求することができるといわなければならない（最判昭43・12・4民集22巻13号2855頁参照）。本件において、原告らの根抵当権設定登記は被告らの申請により行なわれたＡＢ両建物の滅失登記により消滅しているところ、原告らは、被告らの右の各登記は原告らの根抵当権設定登記の消滅を目的として不法に行なわれたものと主張して、被告らを相手方として右の滅失登記の抹消の本訴請求をしているのであるから、本件訴えには訴えの利益が認められる。

……5 右認定の各事実を考え併せると、被告らは、原告らの根抵当権設定登記を違法に抹消することを目的として、抵当権者の承諾なしに合体による滅失登記によって抵当権設定登記が消滅してしまう当時の登記実務を利用して、第一建物の区分及びＡＢ両建物の合体を行なったものであると推認することができる。

これに対し、《証拠略》中には、第一建物を区分した理由は、被告Y₂が住居部分を利用して事業を始める計画があり、そのために同人名義にする必要があったからであるし、後にＡＢ両建物を合体したのは、ＡＢ両建物全体を賃借してくれる者が見付かったから被告Y₂の事業の計画を取りやめたものであるとの供述部分があるが、これは《証拠略》に照らし、措信することができず、他に右の認定を覆すに足りる証拠がない。

6 そして、前掲4の各事実、前示一に説示した登記実務の取扱、弁論の全趣旨を考え併せると、前認定4㈤のとおり前示Ａが第一建物1階の住居部分と工場部分に簡易な隔壁を設けたからといっ

て，一般社会通念に照らし，未だその独立性を失ったものとはいえず，これが独立のＡＢ両建物に区分されたものとするのは，相当でないし，したがって，また，その後右隔壁を取り除いて独立したＡＢ両建物を合体したとすることも，ことの実体にそぐわないものであって，本件滅失登記，表示登記及び保存登記は不法になされたものというほかなく，これらの各登記が原告らの各根抵当権ないしその対抗力の妨害になっていると認められ，前示措信しない証拠のほか，他にこれを動かすに足る証拠がない。」

【47】は，登記官に対する登記処分取消ではなく，建物所有者に対して抹消登記手続を請求したもので，その根拠を抵当権の妨害排除請求権に根拠づけていることに特色がある。

【48】 大阪高判平3・9・30判時1418-89（建物明渡請求控訴事件）[50]

事実 Ｘ及びＡは，それぞれＢに対し債権を有し，その担保として，Ｂ所有の旧建物㈠，旧建物㈡に抵当権を設定させていた。その後，旧建物は合体し，本件建物となった。同建物につき，Ｙ₁がＢとの間で短期賃貸借契約を締結し，Ｙ₂が転借している。Ｘ及びＡは，各抵当権にもとづいて競売の申立てをしたが，合体により抵当権は消滅したとされ，手続は取り消された。そこで，Ａが一般債権者として強制執行の申立てをなし，Ｘが買受人として本件建物の所有権を取得した。Ｘは，旧建物に短期賃借権より先順位の抵当権が存在したことを理由に，Ｙ等に対して建物明渡等を求めた。

判旨 一部変更，一部控訴棄却［上告審：最判平6・1・25（後掲【50】）］。

「旧建物㈠，㈡にそれぞれ別債権者のため抵当権が設定されている場合の合体によって，それらの抵当権が消滅すると解すべきいわれはなく，本件建物に移行して，少なくとも構成部分となった旧建物相当分につき存続するものと解するほかない。そのためには，同一所有者の所有物ではあるけれども，抵当権の制約が存する限度で，旧建物相当分につき持分を観念し，その上に存続すると解するのが相当である。……一方，被控訴人Ｙ₁は，昭和56年11月26日，当時の所有者であったＢから，本件建物を賃借したといっても，賃借当時，旧建物㈠，㈡を本件建物に改造するための工事に関与するなど，旧建物㈠，㈡の合体により本件建物となったことを知っており，さらに，当時，旧建物㈠，㈡の滅失登記と本件建物の表示登記がいずれも未だなされておらず，旧建物㈠，㈡について控訴人Ｘ及びＡのために各抵当権設定登記のあることを知り得べき状況にあったものということができる。……被控訴人Ｙ₂は，同Ｙ₁の経営する個人会社の実体を有するものと認められ，同Ｙ₁と同視しうる立場にあった。してみれば，控訴人Ｘ及びＡは，……旧建物㈠，㈡に対応する共有持分について抵当権設定登記を失ったからといって，右登記のないことを信頼して新たに取引関係に入ったものとみることのできない被控訴人Ｙ₁，Ｙ₂らに対しては，登記なくして対抗しうるものと解するのが相当である。」

【48】は，【50】の控訴審である。事案は，新建物の強制執行による買受人と新建物の短

---

[50] 道垣内弘人・別冊法時7-28，竹内俊雄・判評405-30（判時1430），山下郁夫・判夕臨増821-32，西尾信一・金法1329-4，中務嗣治郎・金法1340-18，塚原朋一・金法1341-17，田山輝明・担保法の判例Ⅰ22頁．

第6章　合棟・合体の判例

期賃借人の争いであるが、その前提として、旧建物の抵当権の合体後の存続の有無が問題となった。本判決は、一審が合体の肯定の上に抵当権消滅を肯定し訴えを棄却したのに対し、存続を肯定し、新建物について抵当権登記がない点については、明確ではないが、短期賃借権者が背信的悪意者であることないしは第三者に含まれないことを理由に対抗を認めた。存続を認める学説のうち、持分抵当権説と呼ばれる説51)、すなわち旧建物価格に応じて持分を想定し、その上に旧建物の抵当権が存続する考えを採用し、結果的には、合成物の主従を決定できない場合の動産の附合のルールである民法244条を暗黙の前提としつつ、抵当権者保護のかぎりで247条2項を類推するものである。

【49】　京都地判平3・11・27判タ788-143（建物滅失登記申請受理処分取消等請求事件）[①昭57(行ウ)第13号、②昭57(行ウ)第18号]

[事実]　X₁（①の原告）、X₂（②の原告）は、Aの所有建物に順次根抵当権を設定させた債権者である。AはBに当該建物を譲渡し、Bは通路に隔壁を設け、甲、乙建物に区分されたとして、区分建物登記を経由した。乙はBの代表者の妻Cに譲渡された。その後隔壁を取り去り、甲乙建物は合体したものとして、区分建物滅失登記を申請した。この結果、両建物の登記は閉鎖され、Xらの根抵当登記は無効となった。Bは新建物の表示登記、保存登記を経由した。Xらは、登記官を被告として、登記処分等の無効確認の訴えを提起した。

[判旨]　認容。
「このようにして、B及びその代表者の妻Cは、根抵当権者であるX₁（X₂）の承諾なしに合体による滅失登記によって抵当権設定登記が消滅してしまう当時の登記実務を利用して、前示のとおり第二建物の区分及びA、B両建物の合体を行なった。
したがって、右の簡易な隔壁を設けたからといって、一般社会通念に照らし、未だその独立性を失ったものとはいえず、これを区分し、再び合体する手続をとったとしても、その前後を通じ、第二建物の同一性が変更されたものとはいえない。」

【49】は当事者は【47】と同じようである。ここでは、登記処分の無効が認められたものである。

【50】　最判平6・1・25民集48-1-18（建物明渡請求事件）52)

[事実]　【48】[本件第二審]参照。

---

51)　幾代通・『不動産物権変動と登記』188頁（初出：「建物の合棟・合体と登記」NBL109、111号）。なお、このほかに、同抵当債権額に応じた同順位準共有説とも称すべき山田晟説（「建物の合体・隔壁の除去とその登記方法」（一）(二)法協84-8-1、84-11-1、この点についての言及は84-8-9）がある。
52)　髙林竜・判解2事件（曹時47-9-289）、同・ジュリ1048-73、髙木多喜男・別冊法時10-22、石田喜久夫・判評431-48（判時1509）、松山恒昭＝髙木陽一・判タ882-48、中務嗣治郎・金法1396-52、伊藤進・金法1433-114、片桐善衛・金商968-47、村田博史・ジュリ臨増1068-73、瀬川信久・民法判例百選[第5

[判旨] 棄却。

「互いに主従の関係にない甲，乙2棟の建物が，その間の隔壁を除去する等の工事により1棟の丙建物となった場合においても，これをもって，甲建物あるいは乙建物を目的として設定されていた抵当権が消滅することはなく，右抵当権は，丙建物のうちの甲建物又は乙建物の価格の割合に応じた持分を目的とするものとして存続すると解するのが相当である。けだし，右のような場合，甲建物又は乙建物の価値は，丙建物の価値の一部として存続しているものとみるべきであるから，不動産の価値を把握することを内容とする抵当権は，当然に消滅するものではなく，丙建物の価値の一部として存続している甲建物又は乙建物の価値に相当する各建物の価格の割合に応じた持分の上に存続するものと考えるべきだからである。」

【50】は，結論は控訴審である【48】と同じであるが，原審の立場を，自らの賃借権優先の主張が「信義則上許されない」とまとめている点が異なっている。

【51】 東京地判平15・1・29判時1837-64（損害賠償請求事件）

[事実] Y所有の土地の一部に同人所有の建物（既存建物）が存在していたところ，XはYから上記建物の敷地以外の部分を無償で借り受け，自ら建物（本件建物）を建築した。その後，Yは両建物を取り壊し，第三者に土地を売却したので，XがYに対して，主位的には，本件建物の所有を前提にそのYによる取りこわしにもとづく損害賠償，予備的に付合による費用償還を請求した。

[判旨] 認容。

「2 ところで，建物新築部分が従前の建物に附合するかどうかについては，新築部分の構造，利用方法を考察し，上記部分が従前の建物に接して築造され，構造上建物としての独立性を欠き，従前の建物と一体となって利用され取引されるべき状態にあるときは，上記部分は，従前の建物に附合したものと解すべきであって，新築部分が従前の建物とその基礎，柱，屋根などの部分において構造的に接合していないからといって，直ちに附合の成立を否定することは許されないものと解すべきである（最高裁第一小法廷昭和43年6月13日判決・民集22巻6号1183頁参照）。

これを本件についてみるに，前記認定の事実によれば，本件建物は，既存建物に接して建てられ，既存建物と外壁を共通にし，内部は，本件建物部分が厨房，犬舎等として，既存建物部分は犬のショールームないし客席として，それぞれ自由に行き来ができるように設計され，両者一体のものとして利用されていたのであるから，本件建物は，既存建物に附合したものと認めるのが相当である。

したがって，本件建物は，既存建物に附合し，被告の所有に帰したものというべきである。」

「1 前記のとおり，本件建物は，附合により被告の所有に帰したのであるから，被告が，これを原告に無断で取り壊したとしても，それについて，被告の不法行為は成立しない。しかし，附合により，原告は本件建物の所有権を失い，損失を被ったものであり，他方，被告は，これにより受益したものであるから，原告は，民法248条により，受益者である被告に対し，民法703条，704条の規定に従い，償金の請求をすることができるもの

版新法対応補正版］74事件，大西武士・NBL563-67，神田英明・判例講義民法Ⅰ［補訂版］95事件。

というべきである。

　被告は，本件建物の占有権原は使用貸借であるから，本件建物が附合により被告の所有に帰した場合の償金の返還については，民法248条ではなく，使用貸借についての民法595条2項が適用になり，同項により民法583条2項が準用され，同項により民法196条2項が準用される結果，受益者である被告は，「価格ノ増加カ現存スル場合ニ限」って償還すれば足りるところ，本件建物は，すでに取り壊され存在しないから，被告は何らの利得も得ておらず，原告に賠償する義務はない旨主張する。

　しかし，民法595条2項は，使用貸借の借主が借用物に投下した費用についての借主の貸主に対する償還請求についての規定であり，本件のように，附合により，損失を被った場合の償還請求についての規定ではないから，本件に，民法595条2項の適用はないものといわなければならない。被告の主張は採用することができない。

　2　そこで，被告が本件建物の附合により得た利益についてみるに，《証拠略》によれば，原告は，本件建物に，合計3,523万円の費用を投下したものと認められる。これには，本来の建築費のほか，火災保険料，広告費も含まれるが，これらの費用は，通常，営業用建物を建築する場合には必要な費用であるから，これらの費用も，原告が本件建物を建築する際に投下した費用に含めて考えるのが相当である。

　そうすると，本件建物は，これが取り壊された平成12年3月末当時，少なくとも原告が投下した上記費用相当額の価値があったものと認められるから，原告は，本件建物が取り壊されたことにより，上記金額，すなわち3,523万円相当の損失を被り，他方，被告は，これと同額の利益を得たものというべきである。そして，被告は，原告が上記のような費用を投じて本件建物を建築したことを知りながら，本件建物を既存建物と一緒に取り壊したものであるから，悪意の受益者として，本件建物が取り壊された後においても，原告に対し，上記3,523万円に利息を付して返還する義務を負うものといわなければならない。

　3　被告は，原被告間には，本件建物の所有権を被告に帰属させる旨の黙示の合意が存在したとして，原告は，この合意が存在することにより，被告に対し，民法248条に基づく費用償還請求をすることができない旨主張する。しかし，本件において，このような黙示の合意があったと認めるに足りる証拠はない。むしろ，前記のとおり，原被告間においては，被告が本件土地を売却する際には，被告は，原告に対し，建物建築費，営業補償費を精算する旨の合意が取り交わされたと認められるのであり，それがため，甲三の「土地賃貸借契約書」には「甲（被告）が土地売却をすることになった場合，乙（原告）は，建築費，営業保証を買主である第三者に対し請求できるものとする。」との特約事項が入れていることに照らすと，原被告間に，被告の主張するような黙示の合意は存在しなかったものと認められる。

　また，被告は，本件建物に原告が投じた費用が過大であるかのようにいうが，本件建物の規模，概容，造作等からして，これが過大であるということはできない。」

　【51】は，取り壊し後の損害賠償ないし費用償還であるが，その前提として，新築建物の帰属が問題となった。当事者の提案・交渉により，新築建物の完成直前に，その用途が変更されており，それに応じて，内装・外装，両建物の結合の程度，利用態様が変更されている。この事情にもとづき，判決は両建物の附合を肯定した上で，悪意の受益者としての

責任を肯定する。責任内容には，本来の建築費を超える項目も含まれており，実質的には，費用償還というよりも，営業保証的なものであり，特約の効果が反映されていると理解できる。

本類型は，上述したように，いろいろな意味で法の欠缺にあたる場合に該当する。すなわち，第一に，建物と建物の合体は，民法典が規定する，不動産の附合，動産の附合のどちらにも該当しない点である。民法242条の「従として附合した物」に不動産も含める解釈は可能であるが，不動産の間で主従が成り立つ場合はいかなる場合かとか，成り立たない場合や付加された方が主と評価される場合にいかなる基準で解決されるかについて欠缺が生じ，結局動産の附合と同様の前述した問題に対処するルールを不動産の附合規定が用意していない以上，不動産を含まないとする解釈が体系的である。その上で，動産の附合の規定の類推適用を問題とすべきである。

ちなみに，起草委員梅，富井共に建物の土地への附合の例示はあるが（民法要義，民法原論），建物相互の附合については言及がない。富井は土地と建物の間に「従トシテ之ニ附合シタル」の意味での主従関係を認めうるとする。

第二に，合体する建物同士が異なる主体に帰属している場合は，民法典自体は予定していないものの，所有権取得原因として，不動産の附合に含ませうるが，同一主体に帰属している場合は，その限りで法的規律を必要としないため，附合の範囲に含まれないこととなる。しかし，この場合に第三者の担保権が設定されていた場合には，異なる主体に帰属していた場合には民法248条により償金に対して物上代位という救済が一応可能であるのに，同一主体の場合には償金請求の関係が成立しない。したがって，この点についても，担保権者の保護につき欠缺補充が必要である。

判例は，ほぼ同一所有者に属する建物同士が合体され，登記実務上の処理に従った，滅失登記と表示登記がなされたのちに，旧建物の抵当権者が登記官ないし建物所有者に対して，登記処分の取消や登記の無効を主張する形で争われた。登記手続上の制約からとはいうものの，建物所有者によるいわゆる抵当権とばしとして，執行妨害のきわめて有効な手段となり，解決が望まれていた。事実，上記の判例において，登記手続以外の次元（合体の成否，附属建物としての認定など）でこの問題の解決を図ったと理解できるものが少なくない。ともあれ，登記手続上は，平成5（1993）年の不動産登記法改正[53]により，93

---

53) 不動産登記法の一部を改正する法律（平成5年法律第22号，平成5年4月23日公布，同10月1日施行）。なお，従来は，独立した建物の中間をつなぐ工事をして1個の建物とする場合を合棟，隣接する区分所有建物の間の隔壁を除去して1個の建物にすることを合体と呼んでいたが，改正法では前者を含む意味で合体と呼んでいる。

第6章　合棟・合体の判例

条ノ4ノ2，93条ノ12ノ2などが新設され，抵当権者の利益は手続上確保され，その前提としての実体法上の理解は，上記【50】で最高裁により確認された。さらに，平成16 (2004)年の新不動産登記法は，同様の内容を省令に委ねている。もっとも，これらによって，建物の合体の問題が実体法上，手続法上すべて解決されたわけではなく，なお学説に委ねられた部分があることが指摘されている[54]。

　本類型で問題となったいわゆる抵当権とばしは，根本は登記実務を悪用したものであるが，その前提として，附合広くは添付法が有する，一定の物理的状態の変化のみを要件とする所有権帰属の変化，それに伴う担保権の消滅，すなわち法定物権効とでも呼ぶべきものを利用したものであるといえる。しかし，この効果は，物の結合の原因を惹起した諸々の原因を考慮した修正を当然の前提とした，デフォールトルールにすぎないのであり，だとすれば，合体をした者が，それに応じた不利益な効果を物権面，債権面で負担するのは当然であり，それに応じた法律構成を端的になすべきであった。このような考慮は，以上の判決でも結論に実質的に影響を与えていると見られるのである[55]。この点は，附合法の強行法規性と任意法規性の限界をどこに引くのかという問題に連なる。

　最近の興味深い建物合体の事案として，東地判平21・2・25（判時2049-33）がある。土地賃借人が隣地上の建物と借地上の自己所有建物を合体したために，新建物の共有化が生じ，賃借権の一部譲渡ないし転貸となるとして，賃貸人より借地契約を解除されたものである。

---

[54]　鈴木禄弥「建物合体に関する法律案をめぐっての実体民法学的考察」ジュリ1021-104以下，槇悌次「建物の合体をめぐる物権的法律関係」(1)～(4)判時1493-3，1495-25，1496-22，1498-11，森宏司「建物の合体と不動産競売手続」判タ880-8。

[55]　山田晟・前掲法協84-11-5以下，幾代通・前掲190頁はそれぞれ関係当事者の帰責性等に応じて，附合や派生する法律効果を異なって考える提案をしている。さらに，山田晟「物権的請求権としての「引取請求権」について」法協百年論集3-22以下（附合と引取請求権の項）。

第7章　加工の判例

　判例の紛争類型をあらかじめ概観するならば、①異なる主体による継起的加工が問題となる場合（【52】【53】【54】【55】【57】）と、②請求内容は異なるが注文者と下請人間の紛争である場合（【55】【56】【58】【59】＝【60】）に大別できる。後述するように、それぞれの事案は建築がなされる背景として何らかの法律関係（契約関係、親族関係など）を基礎に有しており、それらの解釈により多くは解決基準が導き出せたと解せられる事案である。

【52】　大阪地判昭28・12・18下民集4-12-1897（鉄骨引渡請求事件）

[事実]　土地賃借人AはBから賃借していた土地上に建物を建築しようとして、鉄骨を組み立て、古い亜鉛板で屋根を葺いたが、その後数年放置していた。Xはこの鉄骨を、取り外して自己の住居建設材料に利用する目的で、譲り受けた。被告Yは、その後土地所有者Bとの間で、鉄骨を収去させること、Aの土地賃借権を消滅させることの条件で、土地と鉄骨を譲り受けた。Yはさらに、Bが鉄骨を期日までに撤去しないときは自由に処分してよい合意を得ているとして、新しく屋根を葺き、板囲いをなし倉庫として利用を始めた。XからYに対して、鉄骨についての所有権を主張して、引渡請求。Yは、前記合意を援用し、鉄骨を善意取得したと主張し、さらに損害賠償、不当利得にもとづく建物の留置権を抗弁。

[判旨]　一部認容。
　「本件物件が不動物となつたと見られる昭和25年12月頃のX所有の鉄骨とYの造作改造を加えた部分との本件不動産（建物）構成分子としての価格を比較するに鉄骨の部分は18万5,500円なるに対し、その他の部分は13万6,785円（Y主張価格）以下なることが判明する。……このような場合、合成物たる建物の所有権を何人が取得するかについて、民法に直接の規定はないが、動産の加工に関する同法第246条を類推適用するのが最も合理的と考えられる。然るときはXが本件不動産の価格の過半の出資者として本件不動産自体の所有権を取得することになる。」なお、Yの主張した建物存置による敷地所有者の損害については、Xの鉄骨撤去を拒絶し造作を加え自ら倉庫として使用していることから認めがたいとしたが、建物の鉄骨以外の部分につきYが材料を提供しているから解体価格について不当利得がXに生じ、その限りで留置権が認められるとした。

　【52】は、土地賃借人から動産として鉄骨がXに売却された後に、土地所有者から（鉄

骨と）土地がさらにYに売却された事案である。判決では，第二取引につき，鉄骨が含まれるか否かについては否定し，さらに善意取得の抗弁もYの過失ありとして否定している。建物の所有権帰属については，不動産化した時点を基準時として，その時点での，鉄骨の価格とYの加えた造作改造の価格を比較し，前者が大きいと認定した上で，動産の加工の246条を類推適用し，Xの所有権取得を認めた。XがYの不当利得分を支払って，建物の引渡を受けても，結局敷地につき無権原であるため，収去明渡となるであろうから，紛争解決となっているかにつき疑問が残る。

【53】 大阪高判昭38・11・30下民集14-11-2355（登記抹消家屋明渡等請求控訴事件）

事実 YはXに住居建築を依頼。Xは業者Aに依頼した。YはXを介してAに建築資材を提供し，上棟式の際に，請負代金の一部を支払った。Aが建築工事を放擲した後に，XはYの工事続行の依頼を受けて自己負担で続行したが，資金難で中止。Yは自己の費用でBに残工事をやらせ，完成にまでこぎ着けた。Xは，Yに対して，自己に所有権があることを前提として，Y名義の建物所有権保存登記の抹消と明渡までの賃料相当額の損害賠償請求を求めたが，第一審は棄却。取消を求めてX控訴。

判旨 棄却。
「未完成の上棟状態の建物は，Yが建築資材を提供し，建築請負業者Aと請負契約を締結した結果，Aが建築したものであるから，Yの所有に属する……。本件係争建物は住宅用として計画されたものであつて，右Aが建築工事を放擲した当時における建物の状況は，上棟状態の建物に天井床張りの工事を一部なし，まだ荒壁もできていない段階にあつたのであるから，動産の領域に属し到底独立の建物と称しえない……。

㈠動産が附合して1個の建物となるとき附合の法理よりいえばその合成物たる本件建物の所有権は主たる動産すなわち，上棟状態における建物の所有者に属すべく，……たとえXにおいてその後資金の一部を立替え，資材の一部を提供したとしてもYが上棟状態における未完成の本件建物についての所有権を放棄し，又は爾後の合成物はXの所有とすることを特約した等の特別の事情の認められない本件においてはその後……取引観念上独立の不動産（建物）となつた場合合成物たる本件建物は主たる動産すなわち上棟状態の建物の所有者たるYの原始取得する所となる……。

㈡もつとも……附合が加工により生じた場合であるから加工の法規の適用の有無が問題となる……。……仮にこの法理を適用するとの前提に立てば，……246条第2項の適用の有無が問題となるところ，……加工者（仮にXがこれに該当するとしても）の供した材料の価格（A）と加工者の工作によつて生じた価格（B）との和が他人（Y）の材料の価格（C）（本件では上棟を終り，Aが手を引いた被控訴人所有の建築中の建物の価格）を越える場合すなわちA＋B＞Cなる場合でなければならぬところ，……前記……の関係が成立するとは到底認められない。

㈢のみならず前記認定のAが手を引いてからの後大工Bが本件建築工事を進行していた当時のXY間の契約関係は当初Aが関与していた当時すなわちYが施主でAが請負人たる関係に対しAとBが入替わつただけで前後変りがないから，Xが右Bとの間にいくらかの出費をなしたとしても自ら

加工者として行動したものでなく，それはYの事務を処理したものにすぎない関係であり，委任乃至事務管理の規定に基き出資の弁償を求めるのは格別前記民法加工の規定を援用すべき限りでない。けだし，……本件建築着工にいたる経緯，当事者の契約関係からみて，出来た建物はYの所有とする趣旨であつたものと解すべく……。」

【53】は，建物建築請負において，材料提供・労務提供に複数人が関与した事案である。附合法理（上棟状態における建物を主たる動産と見てその所有者を後の建物所有者とする），加工法理（246条2項）をそれぞれ検討しているが，結局契約法理で解決された事案である。

【54】　大阪地判昭44・4・12訟月15-7-871，判時572-16（課税処分取消請求事件）

事実　Xは土地とその上の建物を一括してBに譲渡したが，この建物はかつて別建物賃借人Cが無断で空き地にDが土地所有者の時点で建築を開始したもので，Dの抗議により中断し，DのXへの譲渡後に，Aによって加工完成されたものであった。XからBへの譲渡代金のうち，建物部分につき，Xの所得となるかAの所得となるかが争われた。

判旨　一部取消，一部棄却。
「Cがその建築にかかる未完成のバラックの所有権を放棄し又は地主に贈与したとの事実は認め難いけれども，……未完成のバラックはまだ独立の不動産たる域に達していなかつたものと認めるのが相当であり従って土地の一部分とみるべきであるから結局右バラックは本件土地に附合して本件土地買受と同時にXの所有に帰したものというべきであり，前記Cが民法第248条により償金請求権を有したか否かはもとより右の認定を左右するものではない。

ところでその後において［判示事項三］Aの資金で前記のような建物を完成した場合に所有権は何人に帰属するであろうか。民法は動産に加工した場合について第246条の規定をおいているが，不動産の一部に加工し別個の不動産を完成した場合については何等の規定をおいていないので，民法の右の規定を不動産についても類推適用する見解も考えられないではない。しかし動産と異り建物のような不動産につき加工による所有権の取得を認めるのは，原則として，土地所有者に対抗しうる権限の取得を伴わない以上何ら実質的意義がなくあたかも建物取毀しの材木と土地明渡債務を取得したのと大差がないとすれば社会経済的見地からみて到底是認し難いところであり，むしろ，民法第242条本文の規定の趣旨に照らし，原則として元の不動産の所有者に帰属するものとし，加工者に対しては償金請求権を付与した方が遙かに勝つている……。」

【54】は，課税処分取消請求事件の前提問題として，建物所有権の帰属が争われたものである。当事者は親族関係を含み，単純ではないが，未完成バラックは不動産化以前の段階では土地の一部分とみて，それが別人によって完成された場合を，不動産の一部に加工し別個の不動産を完成させた場合と定式化している。そして，加工の規定の類推適用の可能性を示唆しつつも，無権原者に建物帰属を認めても，収去せざるを得ないことから，242条本文の趣旨に照らして，元の不動産の

不動産附合の判例総合解説　**71**

第7章　加工の判例

所有者に帰属させたものである。

【55】　東京地判昭45・6・15 判時610-62（不当利得返還請求事件）

事案　Yはビルの建築工事をAに請け負わせ、Aはそのうちの骨組工事をXに下請けさせた。Xは工事を完成させたが、Aが倒産状態となり代金支払いをしないので、引渡を控えていたときに、YはAとの間で鉄骨工事代金の清算をし、請負契約を解除した上で、他の業者に依頼して、ビルを完成させた。Xは、鉄骨築造物部分につき、Yに対して不当利得返還請求。

判旨　認容。
「……下請負契約において、下請負人が材料を提供して完成させたビル建築の中核となる鉄骨工事のような工事の目的物は、下請代金の前払等の特別の事情または特約のない限り、元請負人（注文者）にその引渡をするまでは下請負人の所有に帰属しているものと解される……。
　三、Yが他の業者に依頼して右鉄骨築造物を利用してビル建築工事を続行しこれを完成させたことは当事者間に争いがなく、……Yは、Xから口頭および昭和43年11月26日付内容証明郵便をもって、Xに無断でX所有の右鉄骨工事部分に手をつけてはならない旨の通告を受けたが、直接Yと契約関係にないXの右通告に従う必要がないと考え、訴外A会社との間で、既に支払った請負代金をもって右鉄骨工事（土台工事を含む）の代金額の清算をしてその請負契約を解除する旨の合意をしたうえ、同年12月Xの右通告を無視してビル建築工事の進行にとりかかり前記のとおりこれを完成させたものであることが認められ、右認定を覆えすに足りる証拠がない。ところで、……Xの工事完成した右鉄骨築造物の代価よりYがビル建築の完成のためこれに付加した材料の代価と工作費用との合計額が相当上廻っていたことが推認できるから、Yは、民法243条、246条に基づきその構成物となった右鉄骨築造物を含む右ビル建造物（不動産）の所有権を取得するに至ったものと解するのが相当である。
　ところで、Yは請負人である訴外Aから右鉄骨築造物の引渡を受け且つAにこれに対する代金の支払を了している旨主張するが、訴外Aが右鉄骨築造物の所有者でないことは前記認定したところによって明らかであり、従って、Yが無権利者である訴外Aから右鉄骨築造物を有効に取得したことにはならないし、また訴外Aに対する右代金支払いは、Yが右鉄骨築造物を附合により取得したことと何ら法律上の関連を有しないから、Yの右主張事実は、右不当利得成立の認定を妨げることにはならない。」

　【55】は実務上多く見られる、元請会社が倒産後に注文者と下請人間で建物をめぐって紛争が生じた場合である。Xの下請工事部分をXに帰属させた上で、YによるA倒産後の工事続行による価値増加部分とを、動産の附合・加工のルールにより、比較した上で、建物自体はYに帰属させ、Xの鉄骨部分について不当利得の調整を認めた。物権的帰属の次元に限定すれば、判決の言うとおりであるが、Xの不当利得承認はまさに転用物訴権承認にあたり、現在の判例法理からすれば、速断できないところである。Yとしては、Aとの間で清算をしながら、さらに支払を強いられることになるからである。Xの通告を無視してYが工事続行をした点をどう評価するかであ

る。

【56】 最判昭 54・1・25 民集 33-1-26（家屋明渡請求事件）[56]

[事案] Xの夫Cは，Yから本件建物の建築工事を請け負ったAからさらに下請け，工事を進めたが，Aが報酬を支払わなかったので，工事を中止したまま放置した。Yは，Aとの契約を合意解除し，Bに対し，建物所有権はYに帰属する特約つきで建築続行工事を請け負わせて，未完成ながら独立の不動産とした。Xは，夫の建築した建前は既に不動産でありXに原始的に帰属し，Bがした加工部分は民法242条により附合すると主張，また（第二審で追加的に）建前が動産としても夫の所有であり，その後第三者が工事を施しても，不動産となる時点で，主たる動産である建前の所有者である夫にその不動産が帰属すると主張して，明渡ならびに損害賠償を請求。第一，二審ともXの建前を不動産と認めず，246条を類推適用してBの価値増加の方が大きいことを理由にBが取得するとしてXの請求を認めず。X上告。

[判旨] 棄却。

「建物の建築工事請負人が建築途上において未だ独立の不動産に至らない建前を築造したままの状態で放置していたのに，第三者がこれに材料を供して工事を施し，独立の不動産である建物に仕上げた場合においての右建物の所有権が何びとに帰属するかは，民法243条の規定によるのではなく，むしろ，同法246条2項の規定に基づいて決定すべきものと解する。けだし，このような場合には，動産に動産を単純に附合させるだけでそこに施される工作の価値を無視してもよい場合とは異なり，右建物の建築のように，材料に対して施される工作が特段の価値を有し，仕上げられた建物の価格が原材料のそれよりも相当程度増加するような場合には，むしろ民法の加工の規定に基づいて所有権の帰属を決定するのが相当であるからである。

これを本件についてみると，原審が適法に確定したところによれば，（1）Xの被相続人であるCは，Yから本件建物の建築工事を請け負つたAから昭和40年6月16日さらに右工事の下請けをして建築に着手し，同年7月15日ごろには棟上げを終え，屋根下地板を張り終えたが，Aが約定の請負報酬を支払わなかつたため，その後は屋根瓦も葺かず，荒壁も塗らず，工事を中止したまま放置した，（2）そこで，Yは，Aとの請負契約を合意解除し，同年10月15日，Bに対し，工事進行に伴い建築中の建物の所有権はYの所有に帰する旨の特約を付して右建築の続行工事を請け負わせた，（3）Bは，右請負契約に従い自らの材料を供して工事を行い，Xの夫の，Bに対する仮処分の執行により工事の続行が差し止められた同年11月19日までに，右建前に屋根を葺き，内部荒壁を塗り上げ，外壁もモルタルセメント仕上げに必要な下地板をすべて張り終えたほか，床を張り，電気，ガス，水道の配線，配管工事全部及び廊下の一部コンクリート打ちを済ませ，未完成ながら独立の不動産である建物とした，（4）右未完成の建物の

---

[56] 榎本恭博・ジュリ688-84，同・判解3事件，堀田泰司・八幡大学論集30-2〜4-88，関川桂作・北九州大学法政論集7-2-105，成田博・法学44-1-129，高木多喜男・LS#17-127，東法子・手形研究289-30，Y・E・NBL#190-43，新田敏・昭和54年度重要判例解説（民法2事件），安永正昭・民法判例百選I（第3版）75事件，坂本武憲・民法判例百選I［第6版］72事件，椿寿夫・不動産取引判例百選（第2版）104事件，石外克喜・判タ411-32，内山尚三・民商81-6-818，瀬川信久・判評249（判時938)-159，田高寛貴・民事研修502-12。

価格は少なく見積つても418万円であるのに対し，Xが建築した前記建前のそれは多く見積つても90万円を超えるものではなかつたというのである。

　右事実によれば，Bが行つた工事は，単なる修繕というべきものではなく，Xの夫が建築した建前に工作を加えて新たな不動産である本件建物を製造したものということができる。ところで，右の場合において民法246条2項の規定に基づき所有権の帰属を決定するにあたつては，前記Bの工事によりXが建築した建前が法律上独立の不動産である建物としての要件を具備するにいたつた時点における状態に基づいてではなく，前記昭和40年11月19日までに仕上げられた状態に基づいて，Bが施した工事及び材料の価格とXの夫が建築した建前のそれとを比較してこれをすべきものと解されるところ，右両者を比較すると前記のように前者が後者を遥かに超えるのであるから，本件建物の所有権は，Xの夫にではなく，加工者であるBに帰属するものというべきである。そして，BとYとの間には，前記のように所有権の帰属に関する特約が存するのであるから，右特約により，本件建物の所有権は，結局Yに帰属するものといわなければならない。」

　【56】は最初の最上級審であるが，建物建築における所有権帰属の判断ルールとして，民法246条第2項の動産加工の規定を用いることを明言したこと，その際の基準時として，動産の不動産化の時点ではなく，現在の時点で比較することである（判決自体はXによる仮処分の執行で工事続行が中断させられた時点を挙げるが，上告審による事実認定の制約と考えられ，完成時点を基準とすることが妥当である）。本判決の説示は，加工の結果として建物不動産が成立する場合に，その判断基準としての規範，基準時等を明言したことによる民法の欠缺補充の意味が大きいが，上記の意味では，特約・合意がない補充的基準と理解すべきものである。注文者・元請人・下請人と連鎖する関係においては，元請人倒産の場合の注文者保護と下請人保護の調整をいかなる基準でなすかが問題となった。

　この点に関し，対立当事者の一方が土地利用権原を有する場合には，その者の材料および工作によって生じた価格に土地利用価額を合算して比較する提案[57]がある。土地利用権原者にできるだけ建物所有権を帰属させ，派生的紛争や調整を回避するという実践的意図は理解できるが，土地利用権価額は建物に関する投下価値評価の基準としては外在的であり支持できない。

【57】　大阪高判昭54・10・30判タ407-91（仮登記仮処分による保存登記等抹消登記手続並びに強制執行異議請求控訴事件）
（原審：大阪地判昭49・9・30判時771-67）

事案　注文者Xは，当初C（第一請負人）に本件建物の建築設計施工を請け負わせたが，Cが基礎の掘り下げ工事を終えたところで合意解除し，Y₁（第二請負人）に工事続行を請け負わせた。Y₁もコンクリート躯体部分が完成したところで，工事

57）　新田敏・法学研究53-7-22。

を中止した。そこで，Xは自ら資金資材を出して，工事を続行して完成させ，建物として保存登記（昭和29・2・9）をした。ところが，これに先だって，Y₁は，資金捻出のために金融を受けるために，Xの代表者Aにその保証を依頼し，かつ，Aを注文者，Y₁を請負人とする，事実に反する請負契約書を作成し，これらをBに提示して，Y₁を建物所有者，Bを根抵当権者とする根抵当権，譲渡担保権などを設定した上でBから融資を得た。Bは右担保権にもとづいて仮登記仮処分を得，本件建物につき，Y₁を所有者とする所有権保存登記（昭和29・1・8），Bを担保権者とする所有権移転請求権保全仮登記をなし，ついでY₂に右仮登記上の権利を譲渡し，その付記登記をした。XからY₁，Y₂に対して各登記の抹消を求めた。第一審は，XとY₁の間の請負契約では，Xの代金完済まではY₁に建物所有権が留保される合意を認定しつつも，Y₁が中途で工事を中断したため，結局請負契約は合意解除され，加工の法理と事実経過より，注文者Xが原始的に建物所有権を有するとした。したがって，Y₁，Y₂の登記は無権利者の登記として無効とした。Y₁・Y₂が控訴。

[判旨] 棄却。

「請負契約に基づき建築された建物の所有権の帰属については，個々の請負契約の具体的内容に即した当事者の意思を基準として決すべきであり，請負人が全材料又は主要材料を提供して自己所有地又はその使用権を有すると認めるべき土地に建物を建築する場合など完成建物の所有権を請負人に留保する特段の意思が認められる事情のないかぎり，注文者が全材料又は主要材料を提供した場合などはもとより，請負人自身が敷地利用権をもたない場合において請負代金が部分払ないし出来高払とされている通常の場合には完成建物の所有権は引渡をまつまでもなく，完成と同時に原始的に注文者に帰属するものと解すべきである（最判昭44・9・12判時572号27頁，大判昭7・5・9民集11巻8号824頁など参照）。もつとも，建築途中の未だ独立の不動産にいたらない段階で請負契約が合意解約され，第三者が材料を提供して独立の不動産である建物に仕上げた場合など，当事者双方の意思の合致が推認できない場合には民法246条2項のいわゆる加工の法理によつてその所有権の帰属を決するほかはない（最判昭54・1・25判時921号87頁参照）。

本件請負契約は，前認定（一〇）のとおり，当初請負人である控訴人Y₁において材料を提供する約定であつたが，その後前認定（一〇）のとおり注文者である被控訴人Xにおいて材料代金，労賃など一切を支払い，その計算と責任で工事をすすめるいわゆる常傭形式類似の方式に切替えられたものであるが，これによつて注文者の指図権が強くなり雇傭に近くなるものの，なお仕事の完成を目的とする請負の法的性質を失わないものと解される。しかも，請負人である控訴人Y₁が本件敷地利用権を有していたとは認められないし，注文者である被控訴人において主要な材料の代金，労賃を提供したものであるから，本件建物の所有権は引渡の有無を論ずるまでもなく，完成と同時に原始的に注文者である被控訴人に帰属するものというべきである。のみならず，本件において，前示当初の請負契約の切替によつて，請負契約が合意解約され，以後たとえ被控訴人の自営工事となつたとしても，この場合には，建築途中の独立の不動産にいたらない段階で請負契約が合意解約され第三者が材料を提供して独立の不動産である建物に仕上げた場合に準じて，前認定（一三）の未完成ながら独立の不動産に仕上げられた昭和29年1月の時点において，被控訴人Xが施工した工事及び材料の価格と控訴人Y₁のそれとを比較して民法246条2項に基づき所有権の帰属を決すべきところ，前認

定の各事実を考え併せると前者が後者を遥かに超えるものと推認できるから、本件建物の所有権は控訴人Y₁にではなく、被控訴人Xに原始的に帰属するものといわねばならない。」

【57】は事案が複雑であるが、抹消登記手続請求の前提問題として建物所有権の帰属が問題となり、請負契約における所有権帰属については、注文者帰属を原則とする立場を示し、工事が異なる者によって続行された点については、前掲【56】を援用しつつ、不動産化の時点での価値比較で決まるとした。

【58】 東京高判昭 58・7・28 判時 1087-67（工事代金請求控訴事件）[58]

[事案] Y₁はA会社に対し、本件建物の建築工事を注文し、AはX会社に右建築工事を一括下請させた。Xは自ら調達した材料で完成させたが、Aは下請代金の3割弱を支払ったのみで、事実上倒産した。なお、Y₁とAの契約上、一括下請禁止条項があったこと、Y₁からAへは代金全額が支払われていること、AからYへは、所有権移転の趣旨で鍵と共に建物が引き渡され、登記も経由され、荷物も入れて占有している事情がある。XからY₁に対して、所有権確認（控訴審での追加的主張）、所有権にもとづく明け渡し請求、Aの代表取締役Y₂に対して、残代金支払請求を求めた。

[判旨] 一部取消・請求認容、一部控訴棄却、追加的請求棄却。
Xの所有権を一応認めつつ、以下の事情を特段の事情として、信義則、権利濫用の法理に照らし所有権確認等を認めなかった。

「(イ) 注文者において材料を提供して建築された場合には、建物所有権は原始的に注文者に帰属すると解されるが、訴外会社は控訴人に下請工事代金の3割弱の500万円を支払っており、材料の多くを提供したに近いことになっていると解される。

(ロ) 他人所有の不動産を権限ない者から譲受けた場合に譲受人は保護されないのであり、当裁判所のように解すると、保護されたと同様のこととなるが、下請人は元来建物所有権を最終的には注文者に取得させるべき地位にあり、下請人の建物所有権ないし占有権は、実質的、機能的には、下請工事代金債権確保のため意義を有するに過ぎない特殊なものであり、一般の不動産所有者と下請人とを、一般の不動産所有権と下請人の建物所有権とを、また、一般の不動産譲受人と注文者とを各同視して注文者は保護されないと解することは、注文者、元請人、下請人の関係、下請人の建物所有権の特殊性に鑑み相当でない。

(ハ) 下請人は、元請人の経済状態等を知り易く、下請工事代金債権の確保に関しても、完成した建物について速かに自ら建物保存登記をするとか建物の保管を厳重にする等の方策が採れなくはない。

(ニ) 一括下請禁止の特約があり、注文者が元請のみと折衝して工事を進めてきている場合に、元請人、下請人の関係を調査した上代金を支払えと注文者に求めることは相当でないし、また、注文者が代金を完済し、元請人から平隠に建物の引渡しを受け、登記までも経ながら、なお元請人と下請人との関係如何によって、下請人の建物所有権ないし占有権に妨げられ、二重に代金を支払わなければ目的を達成出来ないということは、注文者にとってあまりにも苛酷である。

(ホ) 以上の各点を考慮すると、控訴人Xは、自

---

[58] 滝沢聿代・判評 301-32（判時 1101）、北村実・法時 56-1-124、鎌田薫・判タ 522-95。

らなすべき下請代金の支払確保の努力を尽くさず，右代金債権回収の危険を格別落度のない注文者である被控訴人Y₁に転嫁するものといえる。」

【58】は事実関係としては多く見られる典型であるが，その解決の法律構成は不明確である。一応下請人の所有権帰属を認めながら，下請代金の3割弱の支払，下請契約関係の従属性の強調，元請人や登記への対処の可能性，一括下請禁止特約の存在，注文者の代金完済，建物引渡，登記経由，以上をまとめた上での下請人のリスク負担の正当性を説くが，それらの基準相互の関係が不明確と言うほかない。

【59】 大阪高判昭63・11・29判タ695-219（建物明渡等請求控訴事件）[59]

[事案] Yは建設会社Sとの間で代金3,500万円として，3階建共同住宅の建築工事請負契約を締結した。この契約には，注文者は工事中に契約を解除でき，その場合には独立の不動産に至らない建前の所有権は注文者に帰属する特約があった。その後，SはさらにXとの間で代金2,900万円として，本件工事を一括下請けさせた。Sは倒産したが，それまでにYから計1,950万円を代金として受け取っていた。Xは26.4％を施行していたが，Sから代金は一切受けていなかった。Yは，S倒産により，Sとの契約を解除し，Xの工事続行の要望に反し，他の建設会社Iに工事続行を請け負わせ，全部の材料を供せしめて，完成させた後その引渡を受けた。Xは，本件住宅の所有権が自己に帰属するとして，第一次的に，その明渡及び相当賃料額の支払，第二次的に，Xの所有であることの確認（第二審で追加），第三次的に，建前の所有権が自己に帰属するとして償金支払を求めた。第一審は，YS間の特約の存在，Yの代金支払い，請負人が建物所有権を施主に移転させる上での補助者的性格を考慮して，解除時に建前はYに帰属するとして，第一次，第三次の請求を共に棄却した。X控訴。

[判旨] 変更。

「二 第一次的請求及び第二次的請求について

1 前記一の事実によると，Xが自ら提供した材料をもって建築した本件建前は，鉄骨構造の組立てを済ませ，これにA・L・Cなるコンクリートブロックを熔接して屋上（陸屋根）部分及び外壁の大部分を形成したものであるとはいえ，屋上の防水工事が未了のため降雨をしのぐに足りず，その他各階の出入口・窓等の開口部がそのままの状態で残されているなど未完成の部分が多く，建物としての本質的機能をそなえていなかったと認められるから，いまだ不動産たる建物とはなっていなかったと解するのが相当である。そして，その後，Yが別の請負人である株式会社Iに工事の続行を依頼し，同社においてXが建築した本件建前に同社の提供した材料を供して工事を施し，建物として完成させたものであり，前記事実関係に照らし，株式会社Iの施工価格と右材料の価格の合算額は本件建前の価格を優に超えるものと認められるから，本件建物の所有権は株式会社Iに原始的に帰属し，その所有権は同社とYの間の合意によりYに移転されたものと認めるのが相当である。……

三 第三次的請求について

1 右に説示したように，本件建前は，建築工事

---

58) 加藤雅信・判タ707-68，青野博之・ジュリ944-125。

の請負人たるXがすべての材料を提供して施工した出来形部分であるから、これの所有権がXに帰属すべきは当然である。ただ、前記一の事実によると、XとS建設株式会社との間の請負契約は下請負契約であり、YとS建設株式会社の間の元請負契約には、Yは工事途中で右契約を解除することができ、その場合同社が施工した出来形部分の所有権はYに帰属する旨の条項が設けられ、昭和60年6月21日右契約の解除がなされているのであるが、右特約条項は注文者と元請負人との間の約定であって、下請負人を拘束するものではなく、S建設株式会社と控訴人の間の下請負契約には、控訴人が施工した出来形部分の所有権の帰属に関する特約はなされていなかったのであるから、右元請負契約の解除により直ちに本件建前の所有権が被控訴人に移転する理はないと解される。建設業法が一括下請負を禁止していることはY主張のとおりであるが、この規定は行政上の取締法規であって私法上の権利関係に直ちに影響を与えるものではないから、右判断を左右するに足りない。そうすると、本件建前の所有権はYの契約解除の意思表示にもかかわらずXに帰属していたものであるところ、この所有権は、前示のYと株式会社Iとの間の請負契約の締結及び建設工事の施工により、本件建物が完成し、建前が建物の構成部分となったことによって失われたものであり、その結果、Xは本件建前の価格相当の損失を被ったものといわなければならない。もっとも、XはS建設株式会社に対して請負代金債権を有するが、建物を完成して引き渡す義務を免れるわけではないから、本件建前の所有権が失われた以上、損失ありとみるに妨げはない。そして、本件建物の所有権は株式会社Iに帰属し、ついでYに移転したものではあるが、Yと株式会社Iとの請負契約は前述の経緯上、本件建前に材料を供して工事を施し建物として完成することを内容としており、その

請負代金も本件建物の価額中本件建前分を除外した部分に対し支払われているのであるから、本件建前の価額相当の利得はXにあって株式会社Iになく、かつ、Yの利得とXの損失との間には因果の関係があるものと解するのが相当である。

　Yは、本件建前の所有権がYに帰属し、Xから失われるのは、法律的効果によるものであるから、Yは法律上の原因を欠く受益者ではなく、Xは損失を受けた者ではない旨主張する。思うに、一定の事実の発生に伴って当事者の意思にかかわりなく法律の規定によって財産権の得喪変更が生じる場合があるが、かかる場合における利益が不当利得となるや否やは当該の規定の趣旨によって定まることであり、一般に法律の規定によって生ずる利益が必ず法律上の原因があると言えるものではないから、Yの主張は失当であり、Yは民法246条、248条の規定に従い控訴人に対し償金を支払う義務を有するものと言うべきである。

　2　Yは、抗弁として、X側にも損失拡大につき帰責事由が存するから、これを償金額の算定につき考慮すべきである旨主張する。しかし、前記事実関係によると、Xは、S建設株式会社の経営が苦しいことを聞知していたが、仕事があれば持ち直す程度のものと思っていたのであり、また、下請負人が元請負人に近い立場にあることが多いとはいえ、一般に他社の経営の実態を外部から把握することは極めて困難であることは明らかであり、Xが下請負代金の支払を全く受けていないのも、最初の支払分の支払日のすぐ前にS建設株式会社が倒産したためであること等を考慮すると、Xが本件の損失を被ったことにつき自身に帰責事由があったとするのは酷に失するものというべきであるから、右抗弁は採用できない。」

　【59】は【60】の原審である。【58】と類似するが、一括下請禁止特約はなかったが、他

方で中途解約時の建前帰属について注文者・元請人間で特約があった事案である。本件では、Xが償金請求をしており、第一審では否定され、第二審で容認されているが、Sに対する下請代金債権との関連では、まさに転用物訴権の承認となっている。

【60】 最判平 5・10・19 民集 47-8-5061（建物明渡等請求事件）[60][【59】の上告審]

[事案] 【59】の〔事案〕参照。

[判旨] 破棄自判。

「三 しかしながら、原審の右判断は是認することができない。その理由は、次のとおりである。

建物建築工事請負契約において、注文者と元請負人との間に、契約が中途で解除された際の出来形部分の所有権は注文者に帰属する旨の約定がある場合に、当該契約が中途で解除されたときは、元請負人から一括して当該工事を請け負った下請負人が自ら材料を提供して出来形部分を築造したとしても、注文者と下請負人との間に格別の合意があるなど特段の事情のない限り、当該出来形部分の所有権は注文者に帰属すると解するのが相当である。けだし、建物建築工事を元請負人から一括下請負の形で請け負う下請契約は、その性質上元請契約の存在及び内容を前提とし、元請負人の債務を履行することを目的とするものであるから、下請負人は、注文者との関係では、元請負人のいわば履行補助者的立場に立つものにすぎず、注文者のためにする建物建築工事に関して、元請負人

と異なる権利関係を主張し得る立場にはないからである。

これを本件についてみるのに、前示の事実関係によれば、注文者である上告人Yと元請負人であるSとの間においては、契約が中途で解除された場合には出来形部分の所有権はYに帰属する旨の約定があるところ、S倒産後、本件元請契約はYによって解除されたものであり、他方、被上告人Xは、Sから一括下請負の形で本件建物の建築工事を請け負ったものであるが、右の一括下請負にはYの承諾がないばかりでなく、Yは、Sが倒産するまで本件下請契約の存在さえ知らなかったものであり、しかも本件においてYは、契約解除前に本件元請代金のうち出来形部分である本件建前価格の2倍以上に相当する金員をSに支払っているというのであるから、Yへの所有権の帰属を肯定すべき事情こそあれ、これを否定する特段の事情を窺う余地のないことが明らかである。してみると、たとえXが自ら材料を提供して出来形部分である本件建前を築造したとしても、Yは、本件元請契約における出来形部分の所有権帰属に関する約定により、右契約が解除された時点で本件建前の所有権を取得したものというべきである。

四 これと異なる判断の下に、XはYとSとの間の出来形部分の所有権帰属に関する合意に拘束されることはないとして、本件建前の所有権が契約解除後もXに帰属することを前提に、その価格相当額の償金請求を認容した原審の判断には、法令の解釈適用を誤った違法があるものといわざるを得ず、右違法が判決に影響を及ぼすことは明らかである。この点の違法をいう論旨は理由があり、その余の上告理由について判断するまでもなく、

---

60) 大橋弘・判解 40 事件（曹時 47-9-271）、坂本武憲・法協 112-4-553、同・民法判例百選Ⅱ［第 6 版］65 事件、吉岡祥充・法時 66-9-94、法時 66-10-118、奥田昌道・別冊法時 10-38、滝沢聿代・判評 426-31（判時 1494）、後藤勇・判タ 882-82、大橋弘・ジュリ 1041-84、湯浅道男・ジュリ臨増 1046-88、鎌田薫・NBL 549-69、同、橋本恭宏・判例講義民法Ⅱ［補訂版］97 事件。

第7章　加工の判例

原判決中上告人敗訴の部分は破棄を免れない。…… 裁判官可部恒雄の補足意見は，次のとおりである。

　一　本件は，注文者甲と元請負人乙及び下請負人丙とがある場合に，乙が倒産したときは甲丙間の法律関係はどのようなものとして理解さるべきか，との論点が中心となる事案で，請負関係について実務上しばしば遭遇する典型的事例の一つであり，本件において下請負人丙（被上告人）の請求を排斥した第一審判決を取り消した上これを認容すべきものとした原判決の理由中に，右甲乙丙三者間の法律関係につき特段の言及をした説示が見られるので，法廷意見に補足して，私の考えるところを述べておくこととしたい。

　二　原判決は，その理由の3の1において，上告人甲と乙との間の元請契約には，甲は工事途中で右契約を解除することができ，その場合乙が施工した出来形部分の所有権は甲に帰属する旨の条項が設けられ，その後，右契約は解除されたが，右特約条項は注文者甲と元請負人乙との間の約定であって，下請負人たる被上告人丙を拘束するものではなく，乙丙間の下請契約には，丙が施工した出来形部分の所有権の帰属に関する特約はなされていなかったから，右元請契約の解除により直ちに本件建前の所有権が甲に移転する理はないと解される旨を判示した。

　甲乙丙三者間の法律関係は原判決説示のようなものとして理解され得るか，これが本件の問題点である。

　三　本件事案の概要は，注文者甲がその所有地上に家屋を築造しようとして乙に請け負わせたところ，乙は注文者甲と関りなくこれを一括して丙に下請させ，丙が乙との間の契約に従って施工中に元請負人乙が倒産した，甲は工事請負代金中の相当部分を乙に支払済みであったが，乙から丙への下請代金は支払われていなかった，というものである。

　そして，本件において被上告人丙が建築工事を取り止めた時点における出来形部分の状態は，法廷意見に記述のとおりであるが，本件において工事を施工したのは一括下請人たる丙のみであり，材料は丙が提供し，工事施工の労賃は丙の出捐にかかるものである。したがって，この点のみに着目すれば，出来形部分は丙の所有というべきものとなろう。工事途中の出来形部分の所有権は，材料の提供者が請負人である場合は，原則として請負人に帰属する，というのが古くからの実務の取扱いであり，この態度は施工者が下請負人であるときも異なるところはない。

　四　しかし，此処で特段の指摘を要するのは，工事途中の出来形部分に対する請負人（下請負人を含む）の所有権が肯定されるのは，請負人乙の注文者甲に対する請負代金債権，下請についていえば丙の元請負人乙に対する下請代金債権確保のための手段としてである（注）という基本的な構成についての理解が，従前の実務上とかく看過されがちであったことである。

　注　この点をつとに指摘した裁判例として，東京高裁昭和54年4月19日判決・判例時報934号56頁を挙げることができよう。

　本件において，下請負人丙の出来形部分に対する所有権の帰属の主張が，丙の元請負人乙に対する下請代金債権確保のための，いわば技巧的手段であり，かつ，それにすぎないものであることは，丙が出来形部分の収去を土地所有者甲から求められた局面を想定すれば，容易に理解され得るであろう。

　すなわち，元請負人乙に対する丙の代金債権確保のために，下請負人丙の出来形部分に対する所有権を肯定するとしても，敷地の所有者（又は地上権，賃借権等を有する者）は注文者甲であって，丙はその敷地上に出来形部分を存続させるための

如何なる権原をも有せず，甲の請求があればその意のままに，自己の費用をもって出来形部分を収去して敷地を甲に明け渡すほかはない。丙が甲の所有（借）地上に有形物を築造し，甲がこれを咎めなかったのは，一に甲乙間に元請契約の存するが故であり，丙による出来形部分の築造は，注文者甲から工事を請け負った乙の元請契約上の債務の履行として，またその限りにおいて，甲によって承認され得たものにほかならない。

　五　本件の法律関係に登場する当事者は，まず注文者たる甲及び元請負人乙であり，次いで乙から一括下請負をした丙であるが，この甲，乙，丙の三者は平等並立の関係にあるものではない。基本となるのは甲乙間の元請契約であり，元請契約の存在及び内容を前提として，乙丙間に下請契約が成立する。比喩的にいえば，元請契約は親亀であり，下請契約は親亀の背に乗る子亀である。丙は乙との間で契約を締結した者で，乙に対する関係での丙の権利義務は下請契約によって定まるが，その締結が甲の関与しないものである限り，丙は右契約上の権利をもって甲に直接対抗することはできず（下請契約上の乙，丙の権利義務関係は，注文者甲に対する関係においては，請負人側の内部的事情にすぎない），丙のする下請工事の施工も，甲乙間の元請契約の存在と内容を前提とし，元請契約上の乙の債務の履行としてのみ許容され得るのである。

　このように，注文者甲に対する関係において，下請負人丙はいわば元請負人乙の履行補助者的立場にあるものにすぎず，下請契約が元請契約の存在と内容を前提として初めて成立し得るものである以上，特段の事情のない限り，丙は，契約が中途解除された場合の出来形部分の所有権帰属に関する甲乙間の約定の効力をそのまま承認するほかはない。甲に対する関係において丙は独立平等の第三者ではなく，基本となる甲乙間の約定の効力は，原則として下請負人丙にも及ぶものとされなければならない。子亀は親亀の行先を知ってその背に乗ったものであるからである。ただし，甲が乙丙間の下請契約を知り，甲にとって不利益な契約内容を承認したような場合（法廷意見にいう特段の事情―甲と丙との間の格別の合意―の存する場合）は別であるが，このような例外的事情は通常は認められ難いであろう（甲丙間に格別の合意がない限り，甲が丙の存在を知っていたか否かによって結論が左右されることはない。法廷意見中に，上告人は本件下請契約の存在さえ知らなかったものである旨言及されているのは，単なる背景的事情の説明にほかならない）。

　六　しかるに原判決が，前記のように，中途解除の場合の出来形部分の所有権帰属についての特約は甲乙間の約定であって，下請負人丙を拘束するものでないとしたのは，さきに見たような元請契約と下請契約との関係，下請負人丙の地位が注文者甲に対する関係においては，元請負人乙の履行補助者的地位にとどまることを忘れたものとの非難を免れないであろう。

　もとより，下請負人丙のための債権確保の要請も考慮事項の一たるを失わない。しかしこの点における丙の安否は，もともと，基本的には元請負人乙の資力に依存するものであり，事柄は乙と注文者甲との間においても共通である。ただ，甲乙間においては，通常，乙の施工の程度が甲の代金支払に見合ったものとなるので（したがって，乙が材料を提供した場合でも，実質的には甲が材料費を負担しているのが実態ということができ，この点を度外視して材料の提供者が乙であるか否かを論ずるのは，むしろ空疎な議論というべきであろう），出来形部分に対する所有権の乙への帰属の有無がその死命を制することにはならず，もともと甲のための建物としての完成を予定されている出来形部分の所有権の甲への帰属を認めた上で，

甲乙間での代金の精算を図ることが社会経済上も理に適い，また乙にとっても不利益とならないのが通常であるといえよう。

他方，下請の関係についていえば，下請負人丙の請負代金債権は，元請負人乙に対するものであって，甲とは関りがない。一般に，出来形部分に対する所有権の請負人への帰属は，請負代金債権確保のための技巧的手段であるが，最終的には敷地に対する支配権を有する注文者甲に対抗できないことは，さきに見たとおりであって，元請負人乙の資力を見誤った丙の保護を，下請契約に関りのない，しかも乙に対しては支払済みの注文者甲の負担において図るのは，理に合わないことである（注）。

　注　これを先例になぞらえていえば，本来丙において乙に対して自ら負担すべき代金回収不能の危険を甲に転嫁しようとするもの，ということができよう（最高裁昭和49年（オ）第1010号同50年2月28日第二小法廷判決・民集29巻2号193頁参照）。七　もし，甲が乙に対して全く代金の支払をせず，又はそれが過少であるのに，倒産した乙からの下請負人丙が一定の出来形を築造していた場合には，現実の出捐をした丙に対する甲の不当利得の成立を考える余地があろう。しかし，問題の多い不当利得による構成よりも，出来形部分の所有権の帰属に関する甲乙間の特約の効力が丙に及ぶことを端的に肯定した上で，甲に対する乙の代金債権の丙による代位行使を認める構成こそ，遥かによく実情に合致する。

これに対し，丙の施工による出来形部分に見合う代金が既に甲から乙に支払済みであるときは，乙の履行補助者的地位にある丙の下請代金債権の担保となるものは，乙の資力のみである（丙の保護，丙のための権利確保の方策は，甲ではなく乙との関係においてこそ考慮されなければならない）。一見酷であるかに見えるこの結論は，元請と下請という契約上の二重構造（子亀は親亀の背の上でしか生きられないという仕組み）から来る，いわば不可避の帰結にほかならず，これと異なる見地に立って，下請契約に関与せずしかも乙に対しては支払済みの注文者甲に請負代金の二重払いを強いることとなる原判決の見解を，丙の本訴請求に対する結論として選択する余地はないものといわなければならない。

　八　従前，請負関係の紛争に関する実務の取扱いは，請負人が材料を提供した場合の出来形部分の所有権は原則として請負人に帰属するとの見地に立ち，むしろこれを最上位の指導原理として紛争の処理に当たって来たといえるが，その結果，元請負人の倒産事例において，出来形部分に見合う代金を元請負人乙に支払済みの注文者甲と，乙から下請代金の支払を受けていない下請負人丙との利害の調整に苦しみ，あるいは出来形部分の所有者である丙の注文者甲に対する明渡請求を権利の濫用として排斥し（東京高裁昭和58・7・28判決・判例時報1087号67頁），あるいは出来高に見合う代金を支払った上で甲のした保存登記の抹消を求める丙の請求を権利の濫用として排斥している（東京地裁昭和61・5・27判決・同1239号71頁）。私は，請負人が材料を提供した場合の出来形部分の所有権は原則として請負人に帰属するとの従前の実務の取扱いとの整合性に配慮しつつ，それぞれの事案において妥当な結論を導き出そうとしたこれら裁判例に見られる努力に敬意を表するにやぶさかではないが，丙の請負代金債権確保の手段として出来形部分に対する所有権の丙への帰属を肯定しようとする解釈上の努力が，それにも拘らず当の出来形部分の存在それ自体が甲の収去敷地明渡しの請求に抗する術がないという，より一層基本的な構造の認識に欠けていた点につき改めて注意を喚起し，元請倒産事例についての実務の取扱いが，一種の袋小路を思わせるような状態から

第 7 章　加工の判例

脱却して行くことを期待したいと思う。」

　【60】は，【59】の上告審であるが，建前の帰属，償金請求の成否，注文者・元請人・下請人三者の関係の理解について，対照的であり，上告審は第一審と，これらの点の判断・理解について，ほぼ等しい内容となっている。判決自体は特約がある場合に限定した説示であるが，補足意見（可部恒雄）によって，最高裁の元請倒産事例の一般的な構造認識がより詳しくうかがえる。その内容は，下請契約を性質上元請契約に対して従属的な地位に置き，出来型部分の所有権について原則として注文者帰属とし，合意の効力も注文者・元請人間のものが基準となり，元請人・下請人間の合意は内部関係にとどまる。本判決はこれらの関係を単線的な契約連鎖としてではなく，下請人と元請人との関係を元請関係に従属的なものと構造把握した点が重要である。これにより，注文者保護を下請人保護に優越した地位に置くことになるが，例外的調整は一般条項を介して，代金支払・その程度等の事情を考慮する形で残される。なお，補足意見が債権的調整につき，代位構成に限定する旨を述べている。すなわち下請人の代金債権保護は，二重払いを導きうる不当利得構成（いわゆる転用物訴権の承認）ではなく，注文者の支払の有無を考慮しうる，元請人の注文者に対する代金債権の代位行使に限定（自動車販売におけるディーラー・サブディーラー・ユーザー間の関係を扱う最判昭50・2・28民集29-2-193を援用する）するものである。後に，賃借人の修理請負契約をした事案において請負人から賃貸人への不当利得請求を賃借人無資力でかつ賃貸借関係の対価バランスがない場合にのみ限定したこと（最判平7・9・19民集49-8-2805[61]）と対比すると，両者の評価には連続性ありとみることができよう。ここから，完成建物についての，原則としての注文者帰属説への距離は遠くないと評価できよう。

　判例法理は，下請関係を，材料を基本に労力投下を加味する加工の法理，従って所有権取得原因という物権的次元での帰属決定ルール[62]から離れて，端的に，三当事者の契約関係の構造そのものすなわち契約法理から，建築過程で生成され最終的には不動産として完成される物の帰属を決定していこうと一歩踏み出していると評価でき，それは合理的な紛争解決基準としておおむね肯定できると考える。最高裁が【56】において当事者の主張に答える形で建物の所有権帰属判断について用いた加工ルールは，【60】において契約法理の中に発展的に解消されたとも見うるところである。

　元請契約と下請契約という一応独立した二つの契約関係の全体としての構造把握のため，

---

61)　拙稿・民商115-6-942（本判決の判批）。
62)　槇悌次・判時1493-5以下は，帰属の単純化の法理として，不動産（民法242条），主たる動産（民法243条），総量的多量投下者（民法246条2項）を挙げる。

不動産附合の判例総合解説　**83**

契約法理からの導出という点が見えにくいが，あくまで多層化された契約関係そのものの法的評価が，注文者の所有権取得，元請契約内容の優位を基本的に要請するのである。だから，注文者の所有権取得を，元請契約にも下請契約にも優先する添付による法定取得と理解[63]することは，注文者帰属説支持の方向は同じでも，せっかく下級審が実践し，最高裁が示唆したところの，契約法理での解決を逆行させてしまうことになろう。

もっとも，この関係は，ローン提携契約等のいわゆる三者契約のように，究極的に三者それぞれの合意の束として把握できるほど緊密ではなく，また労働者が工場で加工するように加工行為が既存の雇用契約関係に取り込まれてしまう場合でもなく，やはり契約形式としてなお別個の契約連鎖をとっているため，その道はなお遠いと言わざるを得ない。また，多くの事案の基礎にある継起的加工の特殊性を考慮する場合，そこで中断しながらも，生成消滅する個々の契約関係を全体としてどう評価するのかという問題がある（多層的契約関係清算の法理）。先行する契約関係が終了したり瑕疵があった場合に契約法理に代えて単純に物権法理を持ち出すにはやや問題があり契約清算の法理（給付利得）が考慮されるべきであるし，他方では，個々の契約相互の関係も一様ではないから（例えば，一括下請と一部下請），全体として一般的な契約法理を打ち立てることも困難だからである。

---

63) 坂本武憲・法協 112-4-573。

第8章　環境法の判例

【61】 東京地判平6・7・27 判時1520-107（廃棄物除去等請求事件）[64]

[事案]　数人の者が山林に産業廃棄物を投棄したため、堆積した廃棄物が投棄した土地の下部にあるX所有のダム用地に崩落し、水資源施設に危険を生じさせたので、$Y_{1～3}$に対して妨害排除、予防請求、$Y_{1～6}$に対して損害賠償を請求。

[判旨]　認容。
「3　また、被告Y_2及び同Y_3は、本件山林を管理していた被告Y_1の承諾を得た上で、Aとの間の契約に基づき、代金を支払って本件山林に土砂等を投棄したものである以上、土砂等を本件山林に搬入した時点でその所有権が被告Y_1またはAに移転した旨主張するが、前記認定のとおり、本件山林及び原告土地の各傾斜の状況及び位置関係等に照らして考えると、本件山林に投棄された廃棄物等は、土木機械で踏み固めたり柵を設けるなど崩落予防の工事をしない限り、原告土地内に崩落し、その結果、原告の権利を侵害して重大な損害を与えることが明らかであって、これを容易に予見し得たものであるところ、前記認定の事実によれば、被告Y_1またはAは、右のような原告の権利を侵害しない限りにおいて、被告Y_2及び同Y_3に対しその廃棄物等の受入れを承諾していたものであって、第三者に重大な損害を与えるような態様でされたときであっても無条件で本件山林内への廃棄物等の搬入、投棄を承諾していたものとは、到底認めることができない。そうであるならば、前記崩落の予見の下でその予防の措置を講じていないことが明らかな本件においては、右廃棄物等の搬入、投棄によって直ちにその所有権が被告Y_2及び同Y_3から被告Y_1またはAに移転したものと認めることはできない。よって、右主張は採用することができない。」

【61】は、崩落した廃棄物の所有権の所在を妨害排除の前提として検討し、廃棄物受け入れ者の承諾した態様で搬入・投棄されていない場合には、廃棄物所有権は移転していないとしたものである。

【62】 東京地判平8・8・27 判時1609-99（六価クロム汚染土壌処理工事差止請求事件）[65]

[事実]　Y_2はかつて同社の工場から排出され、東京都内に埋められている六価クロム鉱さいを処理

---
64) 浦川道太郎・リマークス 12-14。

不動産附合の判例総合解説　**85**

するため，Y₃に発注して，東京都の行政財産（公園予定地）の地下に，前記鉱さいをコンクリート壁で封じ込めた処理槽を埋設する工事を行った。本件は，東京都の住民であるXらが，Y₂Y₃は本件土地を使用する権原なくして本件工事を実施し，本件処理施設を埋設し，本件土地を不法に占有していること，また都知事Y₁は，右施設の収去請求権を行使せず，本件土地の管理を違法に怠っていることを理由に，本訴を提起。附合にかかわるものとして，Y₂Y₃に対して地方自治法242条の2第1項4号後段により，所有権にもとづく妨害排除請求として本件処理施設を収去することを求めた。

[判旨] 一部却下，一部棄却。

「3 右のとおり，被告Y₂が本件工事により本件処理施設を埋設するについては，いずれにせよ東京都の実質的な承諾があったとみることができるのであって，被告Y₂による本件処理施設の埋設行為をとらえて，本件土地を権原なく不法に占有するものということはできない。

のみならず，前記認定した事実によれば，そもそも本件処理施設は，その完成により，本件土地の地中に埋設され本件土地に附着したものであり，その構造，規模などからすると，これを本件土地から分離することは物理的にかなりの困難を伴うことが予想されるだけでなく，それ自体に本件土地と離れて取引の対象となり得る社会経済的な価値があるともいえないし，しかも，東京都も被告Y₂も，本件処理施設の完成後は本件土地と一体のものとなると考えていることをも勘案すれば，本件処理施設は，その完成により，本件土地に附合して，本件土地の一部となったものであり，民法242条により，本件土地の所有者である東京都の所有に帰したものと解するのが相当であるから，この点において既に，被告Y₂が本件処理施設の埋設により本件土地を不法占有しているということはできないというべきである。

原告らは，附合は，分離することが社会経済的に不利益となる場合に認められるべきであるところ，本件処理施設を本件土地から分離することは社会経済的に利益となるのであるから，本件処理施設が本件土地に附合することはない旨主張する。

確かに，附合の制度目的は，結合した物を分離することによる社会経済上の損失の防止にあるといえるが，本件処理施設も，既に本件土地に附着し，分離することがかなり困難な状況にあるところ，これを分離して独立の使用収益をなし得る余地もないことなどを考えると，もはやこれを分離することは，社会経済的にみても合理性を欠くものというべきであって，既に本件土地と一体となり，独立の物としての実体ないし取引の対象性を失っている以上，本件処理施設は本件土地に附合したものというべく，原告らの右主張は採用することができない。」

【62】は，住民訴訟における代位請求で汚染物質を含む処理施設の収去を求めたものであるが，分離の社会経済的合理性がないとするくだりはやや形式的理由付けのうらみがあると考える。ただ，本件は代位請求であり，事案では，被代位者であるY₁が処理槽埋設につき契約上承諾を与えていたと見られるため，その地位を受け継ぐ原告Xらに分離請求が認められなかったのはやむを得ない。もっとも，一般的には汚染物質の分離等，環境を

---

65) 川上宏二郎・判評 469-9，南川諦弘・環境法研究 24-131。

86 不動産附合の判例総合解説

めぐる原状回復義務の成否に際し，単に，原状回復コストと回復されるべき対象の利益を算術的に比較する観点はとれないのであり，このような環境法的観点からの修正が附合の成否あるいは妨害除去における「原状回復」の内容決定（汚染土壌の場合，単なる物理的除去では原状回復とならない）にも影響しよう。例えば，ドイツ環境責任法16条は，民法の一次的損害賠償方法としての原状回復義務と二次的方法としての金銭賠償との振り分けをこの場合に修正して適用することを明言する。また，近時の廃棄物処理法の改正[66]で，処理業者のみならず，排出事業者や土地所有者にも一定の要件のもとで原状回復責任が拡大された。

---

[66] 詳しくは，ジュリ1184特集①の諸論文参照。

第9章　埋立（土地と土砂の附合）の判例

【63】　名古屋高判昭35・12・27高民集13-10-884（所有権確認登記手続請求事件）[67]

[事実]　国は本件土地をA漁業組合からの売払願にもとづいて昭和18年に払い下げた。その後，本件土地はB，Yへと転々譲渡された。他方，本件土地は，もともとXの先代が埋立免許出願に基づかず埋め立てたもの（無願埋立）であった。Xは，Yに対して，国がAに対してした売渡処分の無効確認，土地についてのYの所有権取得登記の抹消登記の請求をした。第二審（福井地裁）は，Xが免許や追認を得ていない以上何らの権利も取得しないとしてXの請求を棄却したので，X上告。

[判旨]　棄却。

「(1)　上告理由第一点について

上告人は原判決は上告人の先代が本件公有水面埋立のため海中に投入した土砂は民法第242条の附合の原理によって当然国の所有となると判示したが本件の場合には附合すべき主たる不動産は存在しないと主張する。然しながら，原判決の確定した事実によれば本件土地は元公有水面であったところ上告人先代が明治34，5年頃自己資金を投じて右水面の埋立工事に着手し明治41年頃右工事を完成して現況の土地を作ったというのである。而して，公有水面（その地盤を含む）は国有地であるから海中に土砂を投入して公有水面に従として附合せしめたときは土砂は当然国有に帰するものと解せられる。従って，上告人主張の如く本件の場合附合すべき不動産なしとなすことが出来ないから上告人の論旨は採用することが出来ない。

(2)　上告理由第二点について。

上告人は原判決は一方において公有水面埋立のために上告人の先代が投入した土砂は附合の原理により当然国の所有に属すると判断しておきながら更に公有水面埋立法第35条を援用するのは矛盾であると主張する。

成程公有水面埋立法第35条第2項は公有水面埋立免許が失効したときの原状回復義務が免除された場合に関し（無免許埋立の場合は同法第36条により右第35条第2項が準用せられ本件の場合は無免許埋立の場合なることは原判決の認定するところである。）「前項但書ノ義務ヲ免除シタル場合ニ於テハ地方長官（都道府県知事）ハ埋立ニ関スル工事ノ施行区域内ニ於ケル公有水面ニ存スル土砂其ノ他ノ物件ヲ無償ニテ国ノ所有ニ属セシムルコトヲ得」と規定しあたかも地方長官（都道府県知事）が右の如き処分をなさざる限り土砂其の他の物件の所有権は当然埋立工事施行者に属するかの如く解せられる。然しながら，右規定は固より附

---

67)　原島重義・民商45-3-111。

第9章　埋立（土地と土砂の附合）の判例

合に関する民法第242条を排除する趣旨ではなく同条の趣旨はむしろ同条所定の場合においては右物件を「無償ニテ」国の所有に帰せしめるところに意味があるものと解すべきである。即ち，同条は埋立の免許の効力消滅したる場合における埋立免許を受けた者及び無免許にて埋立をなしたる者については同人等の申請等の事由により公有水面に存する土砂其の他の物件を撤去して原状に復せしめると共に（撤去した土砂其の他の物件の所有権は国が放棄したものと解する。）同条所定の右原状回復義務を免除した場合には事情により右土砂其の他の物件を無償にて国有となし補償をなさざることを得る旨を定めたものと解すべきである。換言すれば同法第35条第2項の処分がなされざる限り国は同条第1項の場合においても埋立者に対し民法の規定に従い右土砂其の他の物件につき正当な償金を支払うべき義務があることとなるのである。従つて，原判決には上告人主張の如き矛盾があるということが出来ないから上告人の右論旨は採用出来ない。

（3）　上告論点第三点について。

上告人は公有水面埋立法第36条は無免許にて埋立をなした者に対し地方長官（都道府県知事）が公有水面に存する土砂其の他の物件を無償にて国の所有に帰属せしめる処分をなさない限り地方長官（都道府県知事）に対し埋立に関する追認請求権を認めたものであると主張する。然しながら，同条は右の如き追認請求権を認めたものとなすことが出来ない。けだし，公有水面埋立を免許すると否とは原判決も認める如く公益，私益に関すること甚大であり，仮令原状回復の必要がなくなつた場合でも前記の如く無免許埋立者の土地其の他の物件を無償にて国有に帰せしめ得るのであるから追認をなすと否とは地方長官（都道府県知事）において右事情を考慮して追認すると否とを決すべきものだからである。而して，本件の場合本件土地が被上告人の前々主A漁業協同組合に払下げられたこと（上告理由は被上告人に払下げというも右の誤解と解する。）は原状回復の必要がなくなつたことを認め得る資料となし得たとしても当然に無免許埋立を追認すべきこととなるものではない。即ち無免許埋立を追認すれば竣工認可を得て当然埋立地は埋立者の所有に帰することとなるから場合によつては免許しないこともあり得るからである。のみならず本件の場合においては未だ公有水面埋立法第35条第2項の処分のなされていることは原判決の認めないところであるから現在の状態においては上告人は国に対し公有水面埋立のための土砂其の他の物件につき民法第248条の償金を請求をなし得べきものというべきであるから国が本件土地を第三者に売渡したことを以て憲法第29条違反の処分となすことが出来ない。されば，上告人の右論旨も採用することが出来ない。」

【63】は，無願埋立人と国から土地払い下げを受けた者との間の所有権帰属をめぐる争いと単純化できる。直接関係する法条は，公有水面埋立法35条，36条である。Xは，主たる不動産が存在しないことや，公有水面埋立法35条は土砂が当然には国に帰属しないことを前提とすると主張したのに対し，判決は，土砂の当然附合，国への帰属を認め，35条2項は1項但書における原状回復義務免除の場合に国が無償で土地を取得しうる場合があることに意味があり，1項の場合でも民法の規定に従い，償金義務があることを前提とすると説明した。公有水面の管理，公物の管理という問題と附合の問題は次元が異なることを直視し，前者に即した解釈をすべきであ

るが，その点が本判決は不十分である。

【64】 大津地決昭43・2・19 訟月14－4－386（行政代執行停止決定申立事件）

[事実] Xは河川敷地内の砂利を無断採取し，河川敷地等に堆積させておいたので，河川管理者Y（滋賀県知事）は原状回復命令と行政代執行の通知をしたのに対し，Xが執行停止を求めたのが本件申立である。

[判旨] 却下。
「しかし，[判示事項] 河川の敷地に存在する砂利等は上流の岩石が水流のため砕かれ流水に流されて小さくなり河口近くに流されて堆積するものでそれは河川の敷地に付着して河川敷地の構成部分をなすものであるから，河川敷地に従としてこれに附合するものと解するのが相当である。したがつて本件の砂利等は河川敷地の所有者がその所有権を取得するものとみるべきところ，本件野洲川は旧河川法第1条の河川の認定をうけたいわゆる「適用河川」であつて旧法当時は，同法第3条によつてその敷地は私権の目的となることを得ないものとされていたが，新河川法施行法第4条によつて本件河川の敷地は国の所有に属することとなつたものであるから本件の砂利等も附合によつて国の所有に属するものといわねばならない。そうして同法第25条によつて河川区域内の土地において土石（砂を含む）を採取しようとする者は建設省令で定めるところにより河川管理者の許可を受けなければならず，この許可を受けて土石を採取するもののみが，その採取した土石に対しこれを収取する権利つまり所有権を取得するのであつて，右の許可を得ないで採取してもその者にはこれを収取する権利がないから所有権を取得することはなく，未だ国の所有に属するものといわねば

ならない。
申立人の引用する判例はいずれも河川敷地上に堆積する砂利砂等は流動性があるため河川管理者に窃盗罪の成立要件である占有があるものとはいえないという理由で窃盗罪の成立を否定したに過ぎぬもので，右砂利等が所有権の対象になり得ないものであるはとまでいつていないのであり，また右判例はいずれも旧河川法施行当時の判例であつて，新河川法施行後にも妥当するか否か疑問であり，そうすれば前記申立人引用の判例はいずれも当裁判所の判断と抵触するものとはいえない。
一件記録によれば，申立人は河川法第25条に規定した土石採取の許可を得ていないことは明らかで本件の砂利等につき所有権を取得するいわれがないから，これを前提とする行政処分取消の本案訴訟は理由がないものとみえるといわねばならない。
四，申立人は，本件河川敷地にある砂利等は無主物であるから申立人の先占によりこれが所有権を取得したかの如き主張をするが，本件河川の砂利等は国の所有に帰属しているものであること叙上認定したとおりであり，無主物ではないのであるから，申立人の右主張は採用の限りでない。
五，さらに，申立人は，本件砂利等は昭和43年1月18日大津地方検察庁より申立人に還付されるや同日訴外Aが本件砂利等が申立人の所有に属するものと信じて譲受け，即日引渡を完了したのであるから民法第192条により即時取得したもので，これを同月22日Aは信託に申立人に譲渡して（製品にするため）その引渡を完了したから申立人の所有に属していると主張する。しかし申立人が本件砂利等を採取する当時，河川管理者から再三にわたり中止勧告を受けながらなおかつ不法採取したものであるから，その後右砂利等を善意の第三者を経由して再び取得したとしても申立人は信義誠実の原則上これを元の所有者に主張できないも

のといわねばならない。

　六，以上のとおりであるから申立人の本件執行停止の申立は理由がないこととなるが，なお念のため本件の場合申立人に回復の困難な損害を避けるため緊急の必要があるかどうかについて考察する。右の判断は当該処分を続行することによつて蒙る申立人の個人的損害のほかに，当該処分の不停止によつて維持される公共の福祉との比較衡量によつてなされるものであると考えられるところ，先ず申立人が受ける損害について考えると，前段認定のとおり本件砂利等の所有権が国に属することを考慮の外に置くとしても，本件砂利等の価格は約2,000万円でこれを河川に戻す費用は約800万円であることは当事者間に争いがないから，申立人が執行を続行されることによる損害は合計2,800万円であると考えられる。

　つぎに本件処分の効力を停止した場合の公共の福祉に及ぼす影響について考えると，申立人はここ2，3年来台風シーズンでさえ野洲川は何らの危険を招来しなかつたものであり，さらに問題個所は河川の中心部であるから低い方が洪水をさばくのに安全であつて，公共の福祉に影響がないと主張するが，本件疎明資料を検討しても本件砂利等の原状回復が公共の福祉に副わない無益のものであることを窺わせるに足る資料はなく，却つて疎明によれば，次のような公益上の必要性があることが窺われる。

　1　前記野洲川は琵琶湖に注ぐ110数河川の内最大流量を有しているが，上流部の流域地帯の林相が概して貧弱でしたがつて保水力に乏しく一旦豪雨があれば濁水が狂奔し，上流部の花崗岩質，中流部および杣川流域の古琵琶湖層（洪積層），下流の右岸の三上山，鏡山は花崗岩質よりなりこの崩壊に基づき広大な砂質荒廃地が形成し易い状況にある。

　2　中流部の河積が広いのに比し，最下流部（南流，北流部分）の河積が狭隘となつているところから著しく河川の流動能力を害して洪水位を高めている。

　3　申立人は昭和41年3月ごろから翌昭和42年7月ごろに至るまで約6万9,500立方米にも達する多量の土石を前記野洲川の本件砂利堆石場近くで採取したため，当該河川区域（延長約1,000米，河巾約200米）の随所にわたつて深掘，乱掘を繰返し著しく河床の状態を荒廃させ少しの増水をみても水流が乱れ河床の深掘部分が移動し護岸前面が洗掘され護岸が決潰する危険性を増大する原因となり，また約3万6,000立方米に及ぶ土石が左岸寄の面積約3万6,500平方米にわたつて小山状をなして堆積されているため出水時には流水が対岸にはねられ右岸の大山川合流地点付近の低水護岸および堤防を決潰または破堤する危険が予想される。そして流心変動はその直下においてはしばしば一大渦流を惹き起し，これはまた堤防決潰あるいは破堤の危険を増大していて，この渦流発生の予想地点は国道8号線野洲川大橋の直上部分にあたるので橋脚への重大な影響が危倶される。

　4　河川の前記荒廃は未だ全く修復されず3月中下旬から4月にかけて近づく増水期を控え，すみやかに河床の安定，護岸の維持，流水疎通能力の回復等河川管理の適正を期することが強く要請されている。

　以上の公益上の必要性と申立人の原状回復により蒙る損害とを比較衡量するときは申立人の蒙る損害は金銭賠償により回復し得る損害であると考えるのが相当であつて本件行政代執行により回復の困難な損害を受けるとの申立人の主張は理由がないものといわねばならない。」

　【64】は無断砂利採取の問題であるが，Xの所有を否定する前提として，砂利等は河川

敷地の構成部分として附合し，河川所有者が所有権取得すると述べている。

【65】 名高判昭54・2・28下民集30-1～4-103（土砂返還請求控訴事件）[68]

[事実] 訴外A株式会社は三重県知事から埋立の免許を得ていたが，この埋立権を訴外Bに譲渡した。Bはこの権利に基づき土砂を投入し，かなりの部分は陸地化したが，未完成のまま埋立工事を中止した。Bはさらに訴外Cに対する債務の代物弁済として本件埋立権及び投入土砂を譲渡し，CはXに対しさらに譲渡した。しかし，これらの埋立権の売渡につき許可を得ていなかった。本件埋立権は竣工期限を徒過したため，昭和29年に失効した。他方，三重県知事は，昭和32年にYに対し，本件区域を含む公有水面の埋立免許を与え，Yは昭和37年竣工認可を得たのち，訴外Dと被告補助参加人Eにそれぞれ一部を売却した。Xは，本件土砂区域の所有権取得を前提に，Yに対して，損害賠償と不当利得返還を択一的に主張した。原審（津地裁）は，民法と公有水面埋立法の解釈として，埋立権者により投入された土砂は，少なくとも免許失効までは，埋立権者に属するものとした上で，土砂を動産として訴外Eは即時取得により保護されるとして，Xの請求を棄却したので控訴。

[判旨] 棄却。

「およそ，公有水面はもとよりその地盤も国の所有に属するものであるところ，埋立のため右地盤に土砂を投入したときは，該土砂は，量の多少にかかわらず，不動産たる地盤の従としてこれに付合した物というべく，かつ，それは地盤の構成部分となつて独立の権利の対象となりえないものといわなければならないので，民法242条本文により右土砂は投入とともに地盤所有者たる国の所有に帰し，同条但書適用の余地はないものと解すべきである。公有水面もその地盤も一般には公共の用に供される物ではあるが，そのことのゆえをもつて同条の適用が排除されるべきいわれはない。

そうすると，本件土砂区域については前記認定のとおりBが埋立のため土砂を投入したものであるから，それとともに右土砂は当然国有に帰したものというべく，Bが当時埋立権を有し，同条但書にいう権原のある者であつたことによつては右結論を左右するものではないというべきである。

なお，公有水面埋立法35条2項は，「前項但書ノ義務─原状回復義務─ヲ免除シタル場合ニ於テハ地方長官─都道府県知事─ハ埋立ニ関スル工事ノ施行区域内ニ於ケル公有水面ニ存スル土砂其ノ他ノ物件ヲ無償ニテ国ノ所有ニ属セシムルコトヲ得」と規定しているので，一見右所定のごとき処分がなされるまでは土砂その他の物件の所有権は当然埋立工事施行者に属することとなり民法242条の規定の適用は排除されることとなるかのようにも解せられる。しかしながら，右埋立法の条項はさように民法242条の規定の適用を排除する趣旨のものと解すべきではなく，この条項は当該施行区域内に存在する土砂その他の物件のうち，その所有権が埋立工事施行者に保留されている場合について定めたもので，本件土砂区域のごとくこれが付合により国の所有に帰し施行者の所有権を保留する余地がなくなつた場合には，事の当然として同条1項所定の原状回復義務すら存しないと解すべきであつて，同条2項適用の余地はないものというを相当とする。

また，他面から考えるに，公有水面埋立法による埋立権は，一定の公有水面の埋立を自己の負担

---

68) 新田敏・判評253-24（判時951）。

において排他的に行い，もつて土地を造成するとともに，右造成工事の竣功の認可（同法22条）を受けることを条件に埋立地の所有権を取得する（同法24条）ことを内容とする権利であり，任意の譲渡をなすことが認められてはいるものの，地方長官―都道府県知事―の許可を受けなければその効力を生じないものとされている（同法16条）。そして，埋立権が右説示のようなものであることに鑑みると，埋立のため投入された土砂又は埋立により事実上造成された土地につきよし控訴人主張のような権利（所有権）が認められるとしても，その土砂又は土地に対する権利は，埋立権を離れては考えられないものであつて，埋立権とは別個にこれを取引譲渡の対象とはなしえず，ただ埋立権の移転とともにのみ移転すべき性質のものというべきである。

そうすると，控訴人主張の本件土砂区域の所有権（それは，本件で，埋立のため投入された土砂又は埋立により事実上造成された土地の所有権と同義とされている。）は当該埋立権とともに移転すべく，その埋立権は，BからCへ，Cから控訴人へと順次譲渡する各契約がなされたことは前記認定のとおりであるものの，右各譲渡について，いずれも知事の許可を受けた事跡を認めるべき資料はなく（しかも前記のとおり右埋立権は後日失効した。），右各譲渡の有効なることを認めるに由ないものであるから，これと随伴すべき本件土砂区域の所有権も，依然Bの保有にとどまり，C及び控訴人に移転することはなかつた筋合のものといわなければならない。

しからば，いずれにしても本件土砂区域の所有権を取得したとの控訴人の主張は採ることができないものというべきである。」

【65】は，埋立免許を得たものの，完成に至らなかった者と，その後免許をえて完成させた者との間の未完成部分の帰属をめぐる争いに単純化できる。原審がXの所有権を肯定した上で，訴外Eの即時取得を認めたのに対し，本判決は，土砂投入を民法242条本文に該当する場合とし，そもそも但書の適用の余地がないとして，国有に帰したとした。傍論として，埋立法35条2項につき，所有権が施行権者に保留されている場合について定めたものと解し，本件のような場合は，1項の原状回復義務が成立せず，従って2項の適用の余地もないとした（これは前掲【62】判決の解釈と異なる）。また，埋立権と土砂に対する権利の関係につき，後者は前者と一体でしか処分できないとした。結局，Xの所有権が認められない点で，第一審と同様となった。

【66】　最判昭57・6・17民集36-5-824（土砂返還請求事件［【65】の上告審］）[69]

事実　【65】参照。

判旨　破棄差戻。

「以上のとおり認定したうえ，

---

69) 阿部泰隆・法教25-117，甲斐道太郎・判タ505-7，同・判評306-190，佐藤和寿・地方自治426-229，水本浩・澤野順彦・民商88-4-67，成田頼明・街づくり・国づくり判例百選196，浅生重機・ジュリ775-68，浅生重機・季刊実務民事法1-230，浅生重機・曹時35-2-215，米倉明・法協106-1-132，林修三・時の法令1159-44，水辺芳郎・ジュリ775-113，鎌田薫・判タ484-27。

第 9 章　埋立（土地と土砂の附合）の判例

　(一)　公有水面はその地盤を含めて国の所有に属するものであるところ，埋立のため公有水面に土砂を投入したときは，その土砂は量の多少にかかわらず不動産である公有水面の地盤の従としてこれに附合した物というべきであり，かつ，それは地盤の構成部分となつて独立の権利の対象となりえないものであるから，右土砂は民法242条本文の規定により投入とともに地盤所有者たる国の所有に帰するのであつて，本件土砂を投入したBに埋立権があつても同条但書の適用の余地はなく，Bは本件土砂の所有権を有しないから，前記Bの財産の転々譲渡に伴つて上告人Xが本件土砂の所有権を取得したものとはいえない。
　(二)　また，仮に浦賀ドックに本件土砂の所有権が認められるとしても，その所有権は埋立権とは別個にこれを取引の対象とすることはできず，ただ埋立権の移転とともにのみ移転すべきものであるが，BからCへ，Cから上告人への本件埋立権の譲渡についてはいずれも公有水面埋立法16条の許可を受けていないから，本件埋立権はBにとどまり，これに随伴すべき本件土砂もまたBの所有のままであつて，上告人が本件土砂の所有権を取得したものとはいえない。
　(三)　そして上告人の本訴請求は，上告人が本件土砂の所有権を取得したことを前提とするものであるが，この前提が認められない以上いずれも失当である，としてこれを排斥している。
　しかしながら，
　(一)　公有水面を埋め立てるため土砂を投入した場合でも，未だ埋立地が造成されず公有水面の状態にある段階においては，右の土砂は公有水面の地盤と結合しこれと一体化したものとしてその価値に格別の増加をもたらすものではないのが通常であり，また，埋立地が造成されてもそれが公有水面に復元されることなく土地として存続すべきことが確定されるまでは，なお右の土砂は公有水面埋立法35条1項に定める原状回復義務の対象となりうるものと考えられること等に照らすと，右の土砂は，その投入によつて直ちに公有水面の地盤に附合して国の所有となることはなく，原則として，埋立権者が右の土砂を利用して埋立工事を完成し竣功認可を受けたときに，公有水面埋立法24条の規定により埋立地の所有権を取得するのに伴い，民法242条の不動産の附合の規定によつて直接右の土砂の所有権をも取得するまでは，独立した動産としての存在を失わないものと解するのが相当である。そして，
　(二)　右の投入土砂の所有権は，埋立権の存否及び帰属とはかかわりのないものであるから，その所有者は，埋立権とは別にこれを譲渡することができるものと解すべきである。しかるに原判決は，右と異なる見解に立つて上告人の本件土砂に対する所有権の取得を否定したものであつて，ひつきよう，原判決には不動産の附合及び所有権に関する民法の規定の解釈を誤つた違法があるものというべく，右違法が判決に影響を及ぼすことは明らかである。論旨は理由があり，原判決は破棄を免れない。そして，本件においては，被上告人が埋立工事を完成して竣功認可を受け埋立地の所有権を取得しているところ，その前に上告人が本件土砂の所有権を失つているか否か，また，右竣功認可のときまで上告人が本件土砂の所有権を有していたとすれば，竣功認可のときに上告人が右所有権を失い，被上告人が埋立地の所有権を取得するについて，被上告人に法律上の原因があるか否か等について，さらに審理を尽くさせる必要があるから，これを原審に差し戻すのが相当である。」

　【66】は，竣工認可前の埋立地の帰属につき，竣工認可までは原則として動産にとどまること，埋立権と投入土砂の所有権の関係に

不動産附合の判例総合解説　95

つき，両者を別個のものと述べ，第二審と異なる判断をした。原審がやや結合の物理的側面にとらわれた立場とすれば，第一審や上告審は，その点でやや自由といえようか。細かく見れば，埋立工事の過程において，土砂により陸地化する前後，竣工認可の前後等で分けて考える必要がある。

【67】 徳島地判平7・3・30 訟月42-12-2819
（土地所有権確認請求事件・同反訴請求事件）

事実 訴外Aが公有水面を無断で埋め立て，陸地化した土地を買い受けたY_1Y_2に対して，X（国）が，所有権確認等を請求したのに対し，Y_1が所有権確認の反訴を提起。

判旨 本訴請求認容，反訴請求棄却。
「ところで，このような公有水面の無願埋立人が埋め立てた土砂については，直ちに公有水面の地盤に附合するという考えもありうるが，法36条，35条が，このような無願埋立人に対し，投入した土砂の原状回復義務を負わせ，さらにこのような原状回復義務の免除がされた場合に限って，投入した土砂を無償で国の所有に帰属させることができる旨規定していることなどに照らすと，無願埋立人が投入した土砂は，直ちに公有水面の地盤に附合するのでなく，原状回復の余地が残された動産として存続するものと解するのが相当である。そして，その後県知事が無免許埋立工事者に対し原状回復義務を免除し，埋立てにかかる土砂の所有権を無償で国の所有に帰属させる旨の処分を行ったときは，もはや国がその費用で原状回復するということは通常考えられないから，その時点で埋立地は公有水面に復元されることなく土地として存続することが確定し，同時に埋立てのため投入された土砂は公有水面の地盤に附合し，国の所有に帰すものと解するのが相当である。前記争いのない事実によれば，Aは，昭和58年6月3日付で本件各土地について徳島県知事に原状回復義務の免除申請をし，これに対し徳島県知事は，Aに対し，同年7月2日原状回復義務を免除するとともに，埋立てにかかる土砂の所有権を無償で国に帰属させる旨の処分をしたのであるから，右の時点で，Aが本件各土地に投入した土砂は公有水面の地盤に附合し，国である原告の所有に帰するに至ったものというべきである。」

【67】は，無願埋立につき，原状回復の余地が残る動産と性質づけ，原状回復義務免除，無償帰属処分をした時点で附合が成立し国の所有に帰属するとして，Yらの主張を排斥した。事案としては否定したが，黙示の公用廃止による取得時効の可能性を認めた。

本類型が扱う問題は，以下の二側面に大別できる。すなわち，第一に，取引界への登場が多様な形態をとりうることから生ずる問題である。水面に土砂を投入することにより陸地化することにより，不動産化し，登記を介して取引の対象となるが，その以前でも，動産と扱うことで引渡で取引の対象とすることが考えられる。このように，埋立工事により最終的に不動産化するのであるが，その過程で，工事が中断されたのちに第三者により再開されて完成される場合や，埋立工事自体が

無願埋立の場合には公物への無権原の附合とでも表現できるような事態、また当初は免許埋立であったのが失効した場合等、多様なケースが考えられるのは、請負事例と類似する。しかし、この類型の決定的特徴は、第二に、不動産化の過程である埋立工事が公有水面上でなされ、しかも公有水面埋立法に定められた免許、竣工認許等の手続を介してのみ、私所有権の対象となるという点である。したがって、公有水面埋立法と民法の不動産の附合規定は特別法と一般法とは言えるが、両者を単純に取引法と性格づけることができないため、後者を前者の解釈に際してそもそも補充的基準として、あるいは一般法原理として援用できるか否かが問題となる[70]。この点に関して言えば、【66】は、不動産化前の状態を動産と扱うことによってその段階での紛争にも対処しようとする。また埋立法の趣旨を民法附合法、換言すればいわゆる三位一体説に関連づけつつ説明している。そのかぎりで三位一体説の拘束を外せば、より端的に説明が可能であるという批判が可能である。

---

70) 旧民法財産取得編12条の規定を削除するにあたり、現行民法起草者富井は、河川の寄洲中州等のことは行政法に属し、特別法令で決めることであるが、旧民法のようにわざわざ別に定めると言うまでもないと述べている（速記録37頁上段）。

終章　民法242条の解釈

要　件

　日本民法242条は不動産の附合の成立要件を規定する唯一の条文である。今まで，第1章から第9章に分類して検討してきた事案類型に対する判例の態度は，最上級審判決が少ないこともあり，各類型に限定しても，そのおおよその成立時期や内容につき確定できるものは多くない。ただ少なくとも言えることは，物同士の結合という要件にもとづく，動産所有権の不動産所有権への吸収，換言すれば，合意を介さないという意味での，一種の法定所有権取得原因制度[71]の理解として，その成立と，収去権否定，償金請求権成立とを連動させる，いわゆる三位一体説（原則）が通奏低音として支配しているにもかかわらず，そこここに，紛争当事者の利益状況を汲み上げようとするための努力が見られ，そのために制度趣旨に遡った上での上記原則の修正の試みがなされていることが看取できる。とりわけ，附合の成否判断において，当事者の合意等の，物理的結合以外の要素を考慮する判決群（善意転借人を保護する【4】の第二審，合意の余後効に関する【11】，下請関係理解に関する【60】の可部補足意見など），（三位一体説を前提としてではあるが）仮に附合を認めた場合の不都合から附合の否定を導き出す（あるいはその逆の論理をたどって附合を肯定する）判決（埋立に関する判決，無権原建築の【2】）などが目に付く。ただ，それらは，個々の紛争類型に依存した散在的なものであり，残念ながら，最上級審に至るまで結晶化されたものは少ない。結晶化されたわずかな例を挙げれば，立木売買における独立化の法理（【13】【16】），建物増改築における区分所有権の成立基準（【25】）などがある。

---

71) このような構成が簡明であることは，例えば，共有，所有権と担保権による負担の組み合わせ，条件付所有権取得などの歴史上構想された諸構成と対比すると明らかである。参照，平田・結合体㈡民商104-3-289。

但書の問題

　我が民法の構成の特徴の一つとして、242条但書が、権原にもとづく附属の場合に附合の例外すなわち動産所有権の留保を一般的な形で認めていることが挙げられる。この条文を形式的に理解すれば、不動産所有者以外の者が権原により附属させた場合は、本来本文により附合が成立する場合でも、合体後も所有権が留保されることとなる。これを第三者の目から見れば、外形は同じでも附着者の権原の有無で、所有権の所在が一部異なることとなる。すなわち、日本民法は一物二所有権をこの場合に認めているとも解せるが、起草者の意図に従えば、かような場合は、二物であり、その部分にそれぞれの所有権が対応すると考えるべきであろう。それはともかく、このような附合制度は何らかの補充的構成を伴わなければ、取引安全が図られないこととなる。

「権原」の内容

　なお、但書にいう「権原」は、当該不動産の利用関係の趣旨に依存する。土地利用権であれば、耕作あるいは植栽の権利の範囲・内容・存続期間等で限定されつつも、その範囲に含まれるかぎりでは附合の有無・態様を問うことは意味がない。もし必要だとされるとしても、それは地中や地上にあってその価値を生産過程において形成途上の商品である特性を考慮した法技術的操作でなければならない[72]。建物賃借権では増築・改築が土地利用権の確保の明示または黙示の合意を伴わなければ独立した所有権を認める意味がない。請負であれば、工事完成までの趣旨で利用権原を想定し、その限りで所有権留保を考え得るが、周知のように、注文者保護と請負人保護の兼ね合いにおいて、多様な考慮要素が合意以外にも混入しうる。

---

72) 槙・物権法167頁。

制度理解に基く設計

　大筋を述べれば，附合法は不動産所有者と動産所有者との間の紛争を規律する規範と理解すべきであり，その分離請求の可否判断は，紛争当事者（必ずしも附着者とは限らない）のおのおのが分離により受ける利益・不利益（分離に伴う費用（民法243条後段参照）も含む）の衡量に帰着するが，一般的要件を定立することは困難である（エレベーター設備の引渡請求において，ビルとエレベーター設備それぞれの分離によりこうむる不利益を検討した【21】が実例としてあげられる）[73]。この定式化からは，附合制度を通説のように社会経済的価値の保存と理解することはできず，せいぜいシカーネ的あるいは経済非合理的行為を封ずる大枠という意味しか与ええない[74]。また前述のように，第三者が紛争当事者として加わる場合，例えば，権原ある附属により一部が所有権留保されているのを知らず，全体を譲り受けた第三者と動産所有者との争いにおいては，附着当事者における規律（ここでは主観的合理性を含む債権的合意があれば原則として物権的規律に反映される）を基礎として，その効果が当該紛争当事者においても基準たり得るか，修正が必要か（ここでは公示・公信制度，客観的合理性が基準となるが，交渉による事後的合意が全く排除されるわけではない）をその都度考えていく必要がある。その際，広い意味での公信原則・公示原則が活用されねばならないが，これらを附合法に外在的なものという必要はないと考える[75]。付言すれば，第三者との紛争解決基準を附合法に取り込む見地からは権原の公示ないしその制約としての背信的悪意者論が問題となり，その解決を附合法に取り込まない見地からは94条2項等の公信制度に直接依拠することとなり，訴訟上での立証負担が異なることとなろう。いずれにせよ，独立動産の取引保護を図る善意取得制度との連続性に注意すべきである[76]。

---

73)　詳細な定式化を試みる瀬川・研究340頁注3に対する検討として，平田・結合体(一)民商104-2-164以下。なお，物権的請求権の請求内容をめぐる従来の議論（行為請求か忍容請求か，帰責事由を考慮するか等）がここで参考となる。
74)　この点の検討として，平田・権原者267頁以下。
75)　平田・結合体(一)162頁以下，特に170頁。
76)　立法過程で，自分の金の指輪に他人のダイヤモンドをくっつけて売ってしまった場合の処理について，起草者富井は，即時取得の問題と答え，現行247条とは無関係の問題としている（速記録60頁下段）。これは分離可能だから動産の附合が成立していない場合を念頭に置いたものであろうか。また，添附規定の冒頭の説明で以下のように述べている。「元添附ト云フモノハ今日ニ於キマシタ殆ンド適用ガナイト思フ，適用ノ極メテ少ナイモノデ殊ニ彼ノ即時時効ト云フモノノ規定ガ行ハレテ居以上ハ適用ノ誠ニ少ナイモ

以上のように考えれば、附合法の任意法規性・強行法規性は当事者関係と第三者関係のいずれにおいても並存するがその比重は異なるというべきである。

である附属建物登記が当該記載を申請した所有権者の意思を媒介として、集団的存在の公示の簡易実現方法として運用されている点が注目される。

機　　能

所有権留保ないし権原の公示方法・程度は、紛争目的物の種類（農作物、立木、機械、増改築部分）に応じて異なる。第三者は242条本文の要件・効果を備える関係があれば、その部分の有効な所有権取得を信頼して取引するわけだから、例外的に部分物を独立化させかつその所有権留保をなす場合にはそれを周知させるに足る行為が留保者側に必要であると解すべきである。部分物に対する公示が直接できないものは、利用権原の公示が代替するものとなるが、これはむしろ所有権留保の存在に対する間接的公示・警告の機能である。逆に、本来独立物であるものを集合的に一括する法技術として、不動産登記手続上の制度

帰責事由考慮の可否

また、242条但書が示唆するように、不動産の附合は、動産の附合と異なり、物理的結合以外の要素をその成否の判断に取り込むことができ（動産でも243条後段は経済的合理性を考慮している）、また、多様な対象を扱うためにもそうせざるをえないが、他方では、当事者あるいは第三者の帰責事由をこの要素に取り込むべきかは難問である。それらは、不法行為や物権的請求権を介して、収去権（あるいは妨害排除請求権）の成否[77]、償金額の程度（押しつけられた利得にならないかどうか）の判断などにおいて、まず考慮すべきではないかと考えられるからである[78]。仮に取り込んだ場合には附合の成否の判断過程はか

ノデ夫レニ種々場合ヲ考ヘテ煩ハシイ規定ヲ設ケルノハ余リ必要ガナイコトト考ヘマス」（速記録37頁下段）。即時取得制度と附合制度の関係は明らかではないが、分離可能性の有無を問わずとも、利益状況の同質性を根拠に（一種の勿論解釈？）第三者が保護されると考えていたのであろうか。なお、瀬川・研究42頁、341頁注17参照。
77) 不動産所有者の故意または過失による附着の場合につき、広中・物権法下405頁は動産原所有者に償金と現物返還の選択行使を認める。鈴木・28頁も同旨か。加藤・281頁以下、石田穣・353頁以下も示唆に富む。

なり複雑なものとなってしまうおそれがあるからである（例えば，全体の譲受人にとっては外在的な，不動産所有者（＝全体の譲渡人）と動産所有者の間の事情が，公示・公信の原則により修正がさらに加えられることを認めるにせよ，附合の成否に影響を与えうる）。しかし，他方では，当事者が必ずしも適切な別個の法的構成を組み合わせて主張するとは限らないこと，附合の主張に対して結合に至る種々の経緯が抗弁として主張される場合には最終的に附合の成否判断にその経緯が取り込まれて考慮されねばならなくなるのではないかという反論があり得る。結局は，附合制度の訴訟物理解にも依存する問題であり，ここでは結論を留保したい。

一物一権主義との関連

なお，取引安全説[79]に典型的なように，一物一権主義との関連が附合制度の趣旨・根拠として強調される場合があるが，確かに沿革上はそういえる側面は否定しがたいが，部分物をめぐる紛争につき，いかなる法理を援用して解決すべきかを考えるときに阻害的なドグマとして作用しうる。現行民法起草者が述べるように，附合には一物と見られる場合と二物と見られる場合があり[80]，しかも紛争の大半は後者の場合に生ずるのであるから，この主義が内包する取引安全は，過小評価しすぎてはならないが，前述の（例えば，動産所有権の主張→附合成立の主張→但書の権原の存在→公示欠缺→背信的悪意者などのように展開しうる）立証活動における一つの手がかりを形成する限度で確保しうるにとどまる[81]。附合法規定には合理性はなく，第三者に対する

---

[78] 平田・結合体㈠168頁ではそう述べた。起草者も現行248条の趣旨説明で，不当利得と不正の損害（不法行為の意）の二つの法理が，附着者が誰かや，その主観的態様に応じて，使い分けられると述べている（速記録67頁上段）。

[79] その主唱者は，川島武宜・所有権法の理論（1949）177頁。

[80] 星野・「日本民法典に与えたフランス民法の影響」民法論集第1巻147頁注4は，日本民法は土地と86条の定着物が一物をなすか，二物であるかについて規定していないとする。また，土地・建物の一部で別個の権利の対象とならない物と，別個の権利の対象となりうるが87条の従物法理により処分の効果が及ぶ物との区別についても規定がないとする。

[81] ドイツ民法起草の過程でも同様の経過をたどったことにつき，平田・結合体㈡民商104-3-291以下。

終章　民法 242 条の解釈

事実上の公示機能しか果たさないとする説[82]は，その意味でまさに正鵠を射ている。むしろ，留保者と譲受人との利益対立をいかに調整するかの法理構築が重要である。その際，弁論主義の制約の下に当事者のしばしば便宜的な附合の主張に答えざるをえない裁判実務を考慮し，それと実質的な議論との結びつきをできるだけ具体的に確定する必要[83]がある。

---

82)　星野・概論 II 125 頁。
83)　瀬川・研究 316 頁の指摘。

附合法文献リスト（本書で関連して言及した分野を含む）

[研究書]
瀬川信久『不動産附合法の研究』(1981)（解題：加藤雅信編集代表『民法学説百年史』256頁以下［鎌野邦樹］)（「研究」で引用）
三好登『土地・建物間の法的構成』(2002)

[個別論文]
乾昭三「附合についての一考察」㈠民商36-5 (1958)
末弘厳太郎「不動産の附合について」法協50-11 (1932)
瀬川信久「不動産附合法の一考察」㈠─㈥法協94-6, 9, 11, 12；95-2, 4 (1977～1978)（紹介：安永正昭・法時52-1-166，瀬川・野村(好)・加藤(雅) Law School 22）→『不動産附合法の研究』
高島平蔵「附合制度の機能について」民事研修186 (1972)
新田敏「借家の増改築と民法242条」法学研究39-1 (1966)
　同「ドイツにおける不動産附合法の生成」法学研究41-12 (1968)
　同「立木および未分離の果実の独立性と『明認方法』の目的」法学研究45-9 (1972)
　同「区分所有権における客体の独立性」法学研究46-7 (1973)
　同「附合・加工における建物所有者の決定基準」法学研究53-7 (1980)
　同「附合」民法講座3所収 (1984)
平田健治「物の結合体についての規律とその分類基準」㈠㈡民商104-2, 3 (1991)（「結合体」で引用）
　同「権原者によって付加された物の法的処理について」奥田還暦『民事法理論の諸問題上巻』(1993)（「権原者」で引用）
槇悌次「建物と，それを組成し，拡充し，存立させる財貨との集合体」
　（その一）「建物の意義と集合建物における物的結合体の形成」民商102-1, 2, 3 (1990)
　（その二）「区分建物における区分体の独立と独自の物的結合体の形成」民商102-5, 6 (1990)
　（その三）「建物と借地権との集合体における独自の物的結合関係」民商104-6；105-1, 2 (1991)
　（その四）「建物と備付施設との集合体と従物法理」民商105-4, 5；106-1 (1992)
　同「建物の合体をめぐる物権的法律関係」(1)～(4)判時1493, 1495, 1496, 1498 (1994)
松尾弘・民法の争点46 (2007)

[コンメンタール・総合判例研究]
田中整爾「所有権の取得」総合判例研究叢書民法㉔ (1964)
注釈民法(7)物権(2)［五十嵐清］(1968)
新版注釈民法(7)物権(2)［五十嵐清・瀬川信久］(2007)

附合法文献リスト

林・岡部・田原・安永編『注解判例民法1b物権法』［鶴藤倫道］（1999）
篠塚・前田編『新・判例コンメンタール民法第3巻物権』［丸山英気］（1991）

[教科書・体系書]（五十音順）
石田喜久夫・口述物権法（口述法律学シリーズ）（1982）
石田穣・物権法（2008）
稲本洋之助・民法Ⅱ（物権）（現代法律学講座10）（1983）
内田貴・民法Ⅰ［第4版］（2008）
梅謙次郎・民法要義巻之二物権編（1911）
近江幸治・民法講義Ⅱ［物権法］（2006）
加藤雅信・物権法第2版（新民法大系）（2005）
佐久間毅・民法の基礎2物権（2006）
鈴木禄弥・物権法講義・5訂版（2007）
田山輝明・物権法（2008）
富井政章・民法原論第2巻物権（1923）
原島ほか著・民法講義2物権（有斐閣大学双書）［新田敏］（1979）
平野裕之・物権法（論点講義シリーズ05）（2001）
広中俊雄・物権法下巻（現代法律学全集6）（1981）
舟橋諄一・物権法（法律学全集18）（1960）
星野英一・民法概論Ⅱ（1980）
槇悌次・物権法（1978）
松尾・古積・物権・担保物権法［第2版］（2008）
松坂佐一・民法提要物権法［第4版・増訂］（1984）
山野目章夫・物権法［第4版］（2009）
柚木・高木・判例物権法総論［補訂版］（1972）
我妻・有泉・新訂物権法（民法講義Ⅱ）（1983）

[立法過程]
法典調査会民法議事速記録第28回（明治27年9月14日）（本書では商事法務研究会による復刻版（日本近代立法資料叢書2法典調査会民法議事速記録二）のページ数で引用）

判 例 索 引

【 】内は本書の判例通し番号，【 】右の太字は，判例通し番号掲載頁を示す．

東京控判明 44・11・18 新聞 770-19（樹木所有権確認及占有妨害排除請求事件）………【10】19
奈良地判大 2・3・22 新聞 882-10（所有権侵害排除並損害賠償請求事件本訴，費用償還請求事件反訴）………………………【3】13
大判大 5・9・20 民録 22-1440 ……………16
大判大 5・11・29 民録 22-2333（建物所有権確認竝不当利得金返還請求ノ件）…………【24】35
大判大 6・4・12 民録 23-695（所有権確認請求ノ件）…………………………………【18】27
大判大 10・4・4 民録 27-616（損害賠償請求事件）………………………………………【4】13
大判大 10・6・1 民録 27-1032（損害賠償請求事件）………………………………………【5】14
大判昭 6・2・26 新聞 3244-8（所有権移転登記抹消請求事件）…………………………【11】19
大判昭 6・4・15 新聞 3265-12（建物明渡並収去請求事件）……………………………………36
大判昭 6・10・30 民集 10-982（執行異議事件）………………………………………【6】14
大判昭 7・5・9 民集 11-8-824 ………………75
大判昭 12・3・10 民集 16-313（損害賠償請求事件）………………………………………【7】15
大判昭 12・7・23 大審院判決全集 4-17-3（仮処分異議事件）……………………………【19】28
大判昭 13・7・7 民集 17-1360 ………………21
大判昭 15・8・28 新聞 4624-7（損害賠償請求事件）……………………………………【12】20
大判昭 17・2・24 民集 21-151（強制執行異議事件）……………………………………【8】15
最判昭 28・1・23 民集 7-1-78（所有権確認等請求事件）……………………………【25】36
福島地白河支判昭 28・10・9 ………………23
大阪地判昭 28・12・18 下民集 4-12-1897（鉄骨引渡請求事件）………………………【52】69

東京地判昭 30・4・25 訟月 1-3-85（建物所有権確認登記抹消請求事件）………………【26】37
東京高判昭 31・1・30 東高民報 7-1-7 ………39
最判昭 31・6・19 民集 10-6-678（所有権移転登記手続等請求事件）…………………【9】16
仙台高判昭 32・1・12 ………………………23
東京地判昭 33・8・12 判時 164-29（家屋明渡請求事件）……………………………【27】38
最判昭 34・2・5 民集 13-1-51（家屋明渡請求事件）…………………………………【28】38, 54
東京地判昭 34・3・24 判タ 92-70（家屋明渡請求事件）……………………………【29】39
最判昭 34・8・7 民集 13-10-1223（山林所有権確認等事件）…………………………【13】20
和歌山地新宮支判昭 34・8・26 判時 199-29（山林所有権確認等請求事件）………【14】22
和歌山地新宮支判昭 34・9・9 判時 209-20（仮処分異議事件）…………………………【15】22
最判昭 35・3・1 民集 14-3-307（山林所有権確認等請求事件）………………………【16】22, 25
最判昭 35・10・4 判時 244-48（家屋明渡等請求事件）……………………………【30】40
名古屋高判昭 35・12・27 高民集 13-10-884（所有権確認登記手続請求事件）………【63】89
東京地判昭 36・7・31 法曹新聞 166-8（建物抵当権不存在確認事件）………………【31】41
最判昭 37・4・26 裁判民 60-429（建物所有権存在確認請求事件）…………………【32】42
最判昭 37・5・29 判時 303-27（売得金帰属確認請求事件）………………………【17】24
最判昭 37・8・3 裁判集民 62-21 ……………24
最判昭 38・10・29 民集 17-9-1236（所有権確認請求事件）………………………【33】43, 52
大阪高判昭 38・11・30 下民集 14-11-2355（登記抹消家屋明渡等請求控訴事件）………【53】70

不動産附合の判例総合解説　**107**

判例索引

最判昭 38・12・13 民集 17-12-1696 ……………24
最判昭 39・1・30 民集 18-1-196（建物所有権移転登記等請求事件）………………………【34】45
仙台高判昭 39・11・30 高民集 17-7-572（家屋明渡請求事件）………………………【35】46
東京高判昭 41・1・30 東高民報 17-3-19 …………45
大津地決昭 43・2・19 訟月 14-4-386（行政代執行停止決定申立事件）………………【64】91
最判昭 43・6・13 民集 22-6-1183（家屋明渡請求事件）………………………【36】48, 65
最判昭 43・12・4 民集 22-13-2855 ………………62
大阪地判昭 44・4・12 訟月 15-7-871，判時 572-16（課税処分取消請求事件）………10,【54】71
最判昭 44・7・25 民集 23-8-1627（建物収去土地明渡請求事件）………………【37】50
最判昭 44・9・12 判時 572-27 ……………………75
名古屋高判昭 44・12・25 判時 602-68（家屋明渡等請求控訴並びに附帯控訴事件）……【42】57
東京地判昭 45・6・15 判時 610-62（不当利得返還請求事件）………………………【55】72
名古屋地判昭 46・4・27 判タ 264-227（原状回復等請求事件）………………………【38】51
最判昭 46・6・24 民集 25-4-574 …………………25
大阪地判昭 47・12・21 判時 713-100（所有権確認請求事件）………………………【20】28
大阪地判昭 49・9・30 判時 771-67 ………………74
最判昭 50・2・28 民集 29-2-193 ……………82, 83
最判昭 50・5・27 訟月 21-7-1448（建物滅失登記申請事件等の受理処分取消請求上告事件）………………………………【43】58
東京高判昭 52・5・31 判時 861-70（建物収去土地明渡請求控訴事件）………………【39】51
最判昭 54・1・25 民集 33-1-26，判時 921-87（家屋明渡請求事件）………3, 12, 53,【56】73, 75
東京地判昭 54・1・30 下民集 31-5〜8-689（建物明渡請求事件）………………………【40】52
名古屋高判昭 54・2・28 下民集 30-1〜4-103（土砂返還請求控訴事件）………………【65】93
東京高判昭 54・4・19 判時 934-56 ………………80

熊本地判昭 54・8・7 下民集 30-5〜8-367（物件引渡請求事件）………………………【21】29
大阪高判昭 54・10・30 判時 407-91（仮登記仮処分による保存登記等抹消登記手続並びに強制執行異議請求控訴事件）………【57】74
東京地判昭 55・1・28 判時 964-87（第三者異議事件）………………………【22】30
最判昭 57・6・17 民集 36-5-824（土砂返還請求事件）………………………【66】94
東京高判昭 58・7・28 判時 1087-67（工事代金請求控訴事件）………………【58】76, 82
宮崎地判昭 59・4・16 判タ 530-206（所有権確認等請求控訴事件）………………【1】7
東京地判昭 60・9・25 判時 1172-48（建物滅失登記申請受理処分等取消請求事件）……【44】58
東京地判昭 61・2・24 金法 1156-47（区分建物抹消登記処分取消請求事件）………【45】59
東京地判昭 61・5・27 判時 1239-71 ………………82
鹿児島地判昭 61・12・23 判時 1223-44（建物滅失登記処分等取消請求事件）………【46】61
東京高判昭 61・12・24 判時 1224-19（建物収去等請求控訴事件）………………4,【2】7
名古屋地判昭 62・5・28 判時 1253-92 ……………11
大阪高判昭 63・11・29 判タ 695-219（建物明渡等請求事件）………………………【59】77
京都地判平 1・7・12 判時 1339-124（建物滅失登記抹消登記手続等請求事件）………【47】62
福岡高宮崎支判平 2・3・14 判タ 754-149 ………61
大阪高判平 3・9・30 判時 1418-89（建物明渡請求控訴事件）………………………【48】63
京都地判平 3・11・27 判タ 788-143（建物滅失登記申請受理処分取消等請求事件）……【49】64
最判平 5・10・19 民集 47-8-5061（建物明渡等請求事件）………………………【60】79
最判平 6・1・25 民集 48-1-18（建物明渡請求事件）………………………3,【50】64
最判平 6・2・22 裁判集民 171-759 ………………61
東京地判平 6・7・27 判時 1520-107（廃棄物除去等請求事件）………………【61】85

徳島地判平 7・3・30 訟月 42-12-2819（土地所
　有権確認請求事件・同反訴請求事件）……【67】96
最判平 7・9・19 民集 49-8-2805 ………………83
東京地判平 8・8・27 判時 1609-99（六価クロム
　汚染土壌処理工事差止請求事件）………【62】85
東京地判平 8・11・26 判タ 954-151 …………55
東京高判平 9・5・15 判時 1616-70 ……………55
東京地判平 10・3・29 判例地方自治 223-77 ……12
静岡地浜松支判平 10・12・22 判タ 1029-215

（建物所有権及び土地賃借権確認請求事件）
　……………………………………………【41】53
最判平 12・3・21 判時 1715-20（建物共用部分
　確認等請求事件，棄却）…………………………55
東京地判平 15・1・29 判時 1837-64（損害賠償
　請求事件）……………………………………【51】65
東京高判平 18・4・13 判時 1928-42（設備費用
　等請求控訴事件）……………………………【23】32

〔著者紹介〕

平田 健治（ひらた けんじ）

［略　歴］
1976年　京都大学法学部卒業
現在　大阪大学大学院高等司法研究科教授

［主要著作］
「ドイツ法における貸借人の費用償還請求権(1)(2)(3)」法学論叢 109/5（1981年）
「事務管理法の構造・機能の再検討──とりわけ事務管理意思にそくして──(1)(2)(3)」民商法雑誌 89/5（1984年）
「物の結合体についての規律とその分類基準(1)(2)」民商法雑誌 104/2（1991年）
「ドイツにおける三当事者不当利得論の近時の展開──判例における給付概念の意義の相対化──(1)(2)(3)」民商法雑誌 116/1（1997年）
『電子取引と法』（大阪大学出版会，2001年）
「ドイツ電子署名法の改正」阪大法学 51/5（2002年）
「取消の効果──制限能力者の返還義務──」阪大法学 52/1（2002年）
「消費者保護と EU 法」阪大法学 56/4（2006年）
「求償利得における，他人の事務処理活動に対するコントロール原理としての事務管理法理の位置づけ──三種の法定債権相互の関係についての一視点──」阪大法学 57/4（2007年）
「「騙取金銭による弁済と不当利得」覚え書き」阪大法学 58/6（2009年）

不動産附合の判例総合解説　　　　　　　　　　　　　　　判例総合解説シリーズ

2009（平成21）年10月30日　第1版第1刷発行　5672-0101

著　者　平田健治
発行者　今井　貴・稲葉文子　　発行所　株式会社信山社　東京都文京区本郷6-2-9-102
　　　　　　　　　　　　　　　　　　　電話(03)3818-1019〔FAX〕3811-3580〔営業〕　郵便番号113-0033
　　　　　　　　　　　　　　　　　　　印刷／製本　松澤印刷株式会社／株式会社渋谷文泉閣

Ⓒ 2009，平田健治　Printed in Japan　落丁・乱丁本はお取替えいたします。　NDC 分類 324.034
ISBN978-4-7972-5672-7　　　　　　　★定価は表紙に表示してあります。

Ⓡ〈日本複写権センター委託出版物・特別扱い〉　本書の無断複写は，著作権法上での例外を除き，禁じられています。本書は，日本複写権センターへの特別委託出版物ですので，包括許諾の対象となっていません。本書を複写される場合は，日本複写権センター(03-3401-2382)を通して，その都度，信山社の許諾を得てください。

判例総合解説シリーズ

分野別判例解説書の新定番　　　　　　　　　実務家必携のシリーズ

実務に役立つ理論の創造

緻密な判例の分析と理論根拠を探る

権利能力なき社団・財団の判例総合解説
河内 宏　2,400円

民法667条〜688条の組合の規定が適用されている、権利能力のない団体に関する判例の解説。

錯誤の判例総合解説
小林 一俊　2,400円

錯誤無効の要因となる要保護信頼の有無、錯誤危険の引受等の観点から実質的な判断基準を判例分析。

即時取得の判例総合解説
生熊 長幸　2,200円

民法192条から194条の即時取得の判例を網羅。動産の取引、紛争解決の実務に。

入会権の判例総合解説
中尾 英俊　2,900円

複雑かつ多様な入会権紛争の実態を、審級を追って整理。事実関係と判示を詳細に検証し正確な判断を導く。

不動産附合の判例総合解説
平田 健治　2,200円

民法典の規定自体からは明らかにならない附合制度を紛争別に詳述。具体事例を通じ、総合的に理解できる。

保証人保護の判例総合解説〔第2版〕
平野 裕之　3,200円

信義則違反の保証「契約」の否定、「債務」の制限、保証人の「責任」制限を正当化。総合的な再構成を試みる。

間接被害者の判例総合解説
平野 裕之　2,800円

間接被害による損害賠償請求の判例に加え、企業損害以外の事例の総論・各論的な学理的分析をも試みる。

危険負担の判例総合解説
小野 秀誠　2,900円

実質的意味の危険負担や、清算関係における裁判例、解除の裁判例など危険負担論の新たな進路を示す。

同時履行の抗弁権の判例総合解説
清水 元　2,300円

民法533条に規定する同時履行の抗弁権の適用範囲の根拠を判例分析。双務契約の処遇等、検証。

リース契約の判例総合解説
手塚 宣夫　2,200円

リース会社の負うべき義務・責任を明らかにすることで、リース契約を体系的に見直し、判例を再検討。

権利金・更新料の判例総合解説
石外 克喜　2,900円

大審院判例から平成の最新判例まで。権利金・更新料の算定実務にも役立つ。

不当利得の判例総合解説
土田 哲也　2,400円

不当利得論を、通説となってきた類型論の立場で整理。事実関係の要旨をすべて付し、実務的判断に便利。

事実婚の判例総合解説
二宮 周平　2,800円

100年に及ぶ内縁判例を個別具体的な領域毎に分析し考察・検討。今日的な事実婚の法的問題解決に必須。

婚姻無効の判例総合解説
右近 健男　2,200円

婚姻意思と届出意思との関係、民法と民訴学説の立場の違いなど、婚姻無効に関わる判例を総合的に分析。

親権の判例総合解説
佐藤 隆夫　2,200円

離婚後の親権の帰属等、子をめぐる争いは多い。親権法の改正を急務とする著者が、判例を分析・整理。

相続・贈与と税の判例総合解説
三木 義一　2,900円

譲渡課税を含めた相続贈与税について、課税方式の基本原理から相続税法のあり方まで総合的に判例分析。

(各巻税別)